외상 후 스트레스 장애 치료자 가이드

지속노출치료

Prolonged Exposure Therapy for PTSD
Emotional Processing of Traumatic Experiences - Therapist Guide

영국 옥스포드 대학 출판부, 과학자문위원회가 엄선한
인증된 심리치료 시리즈 Treatments*ThatWork*™
외상 후 스트레스 장애 편

| 대표 편집자

David H. Barlow, PhD

| 과학자문 위원회

Anne Marie Albano, PhD

Jack M. Gorman, MD

Peter E. Nathan, PhD

Paul Salkovski, PhD

Bonnie Spring, PhD

John R. Weisz, PhD

G. Terence Wilson, PhD

Therapist Guide

외상 후 스트레스 장애 치료자 가이드

지속노출치료

Edna B. Foa, Barbara Olasov Rothbaum, Elizabeth A. Hembree 저

조용범 역

트라우마 치유를 위한
12주의 도약

헌정

이 책을 저의 두 딸, 예일과 미셸에게 바칩니다. 항상 나를 지지해 주며 이 책을 집필하는 동안 함께 하지 못한 것을 이해해 준 두 딸의 사랑에 고마움을 전합니다.

- 에드나 B. 포아

저로 하여금 많은 다양한 관점들을 가질 수 있도록 도와준 샘, 제시, 벤, 그리고 여니에게 감사드립니다.

- 엘리자베스 A. 헴브리

이 책을 제 여동생 주디와 그녀의 남편 존에게 바칩니다. 이분들은 제가 많은 압박을 느낄 때에도 평정을 유지하며 지치지 않고 굳건히 견뎌낼 수 있게 해 주었고 역경을 만났을 때에도 잘 헤쳐 나아가 좀 더 강한 사람이 될 수 있도록 도움을 주었습니다. 저는 이분들을 사랑하고 그 우정을 소중하게 간직하고 있습니다. 제가 생존할 수 있도록 해준, 저에게는 영웅인 여동생과 그녀의 남편에게 감사의 마음을 전하고 싶습니다.

- 바바라 올라소프 로스바움

한국어판 저자 서문

미국정신의학회의 정신장애 진단 및 통계 편람에서 외상 후 스트레스 장애(PTSD)를 처음 소개한 후 2년이 지난 1982년 저는 사람들을 황폐화시키고 쇠약하게 만드는 장애를 효과적으로 치료할 수 있는 급박한 사회적 요구에 응하여 지속노출치료(Prolonged Exposure Therapy, PE)를 개발하였습니다. 그리고 지난 20여 년 동안 PE의 효과성과 효능이 전 세계에서 연구되어 검증되었고 이 결과들은 다시 치료 프로그램을 다듬어가는데 도움을 주었습니다. PE는 미국의 보건복지부 산하 약물남용 및 정신보건국(The Substance Abuse and Mental Health Services Administration, SAMHSA), 미국 재향군인 병원들, 그리고 미국 국립과학원 산하 의학원(Institute of Medicine) 등 수많은 학술 연구 위원회와 기관에서 PTSD 치료를 위한 경험과학적 근거가 있는 치료기법으로 인정받고 있으며 지금 세계 곳곳에서 이 프로그램이 시행되고 있습니다. 수 년에 걸친 연구와 임상적 경험으로 축적된 지식은 옥스퍼드대학교 출판부에서 출판된 2권의 책으로 완결되었습니다. 그 책은 『외상 후 스트레스 장애, 12주의 도약: 성폭력 및 외상 피해 치유를 위한 지속노출치료(PE) 워크북』[1]과 『외상 후 스트레스 장애 치료를 위한 12주의 도약: 지속노출치료(Prolonged Exposure Therapy) 치료자 가이드』[2]입니다. 이 두 권의 책은 외상 후 스트레스 장애 (PTSD)를 겪고 있는 내담자에 대한 평가와 치료를 위한 상세한 절차를 담고 있습니다.

2005년 조용범 박사는 미국 펜실베이니아대학교에 있는 저희 클리닉에 방문하여 한국의 수많은 외상 피해자들이 효과적으로 치료를 받지 못하고 있고 이들은 성격장애를 가진 사람이나 심각한 정신질환을 앓고 있는 사람으로 낙인이 찍히기까지 한다는 그의 경험에 대해 이야기를 나누었습니다. 이들 가운데에는 성폭력이나 아동폭력, 학교폭력, 그리고 고문이나 인권침해에

---

[1] 역자 주: 원제목은 『*Reclaiming Your Life from a Traumatic Experience: Client Workbook*』
[2] 역자 주: 원제목은 『*Prolonged Exposure Therapy for PTSD, Emotional Processing of Traumatic Experiences: Therapist Guide*』

의한 피해자들을 포함한다고 하였습니다. 이후 조용범 박사는 저를 초청하여 한국에서 전문가들을 위한 지속노출치료 워크숍을 개최하였습니다. 저는 이 초청을 흔쾌히 받아들였는데 그 이유는 지속노출치료(PE)와 같은 경험과학적 근거가 있는 치료기법을 통해 PTSD로 인해 고통을 받는 이들을 도울 수 있도록 정신건강 전문가들을 교육하고 훈련하는 것이 저의 전문가로서의 사명이기 때문입니다. 저는 이 두 권의 책이 번역된 것을 기쁘게 생각하고 이 책을 통하여 많은 전문가들이 PE를 내담자들에게 성공적으로 적용할 수 있기를 바랍니다.

조용범 박사와 the Tree Group의 스태프들은 PE의 영어판을 완벽하게 번역하기 위해 자신의 시간과 에너지를 헌신하였습니다. 저는 이 분들이 책을 번역하는 과정에서 수많은 난관이 있었을 것으로 생각합니다. 그러나 이를 극복하고 번역과정을 마쳤습니다. 저는 한국에서 PTSD를 겪는 피해자들을 도와주고 치료하려는 조용범 박사의 헌신과 진정성에 감사를 드리고 한국 독자들이 이 책을 통해서 많은 도움을 받기를 기원합니다.

에드나 B. 포아

Forward to the Korean Version

In 1982, only two years after the introduction of Post-traumatic Stress Disorder into the diagnostic manual of the American Psychiatric Association, I developed Prolonged Exposure (PE) therapy for PTSD in response to the urgent need of providing effective treatments for this devastating and debilitating disorder. Over the last two decades, numerous studies conducted around the world have lent support for the efficiency and effectiveness of PE and have helped to refine the treatment program. PE is now recognized as the most evidence based treatment for PTSD by several institutions as well as academic committees including The Substance Abuse and Mental Health Services Administration (SAMHSA), Veterans Administration Hospitals, and Institute of Medicine and has been implemented around the world. The knowledge accumulated over the years through research and clinical experience has culminated in the publication of two books by Oxford University Press: *Prolonged Exposure Therapy for PTSD, Emotional Processing of Traumatic Experiences: Therapist Guide,* and *Reclaiming your life from a traumatic experience: Client Workbook.* These books contain detailed procedures of PE to be used for evaluating and treating clients with Post-traumatic Stress Disorder (PTSD).

In 2005, Dr. Cho visited our clinic at the University of Pennsylvania and shared his experience from Korea where many trauma victims were not being treated effectively and often were stigmatized as having a personality defect or as being seriously mentally ill. These individuals included victims of sexual assault, child abuse, school violence, torture and human rights violations. Later, Dr. Cho invited me to conduct an Intensive Prolonged

Exposure Workshop for the professionals in Korea. I accepted his invitation with enthusiasm because one of my professional missions is to educate and train mental health professionals on how to help PTSD sufferers via evidence based treatments, primarily PE. I am glad that Dr. Cho translated the two manuals of PE into Korean. I hope that these manuals will help clinicians implement PE successfully with their clients.

Dr. Cho and his staff at the Tree Group have dedicated their time and energy to perfectly translating my English version of the PE books. I am sure that they encountered many hurdles in the process of translating the books, which they overcame to successfully complete the translation. I am very grateful to Dr. Cho for his dedication and his genuine interest in helping and treating the victims of PTSD in Korea. I hope the Korean readers will benefit from these books.

Edna B. Foa
Professor
University of Pennsylvania

역자 서문

　이 책은 피해자가 성폭력이나 학교폭력, 범죄, 전쟁 혹은 재난을 경험한 후 겪는 심리적 피해, 즉 외상 후 스트레스 장애(PTSD)를 치유하는 가장 과학적인 방법을 담은 치료서이다. 옥스퍼드대학교 출판부에서는 경험과학적 근거가 있는 심리치료를 선별하여 시리즈로 발행하였는데 PTSD 치료 분야에서는 가장 과학적인 치료기법으로 알려져 있는 미국 펜실베이니아대학교의 에드나 포아 박사 (Edna Foa, Ph.D)의 지속노출치료(Prolonged Exposure Therapy)가 선정되었다. 포아 박사의 평생의 연구업적과 임상적 지혜가 바로 옥스퍼드대학교 출판부에서 발행된 두 권의 책에 담겨 있다. 『외상 후 스트레스 장애, 12주의 도약: 성폭력 및 외상피해치유를 위한 지속노출치료(PE) 워크북』은 외상피해자를 위한 책이다. 그리고 『외상 후 스트레스 장애 치료를 위한 12주의 도약: 지속노출치료(Prolonged Exposure Therapy) 치료자 가이드』는 깊이 있는 지식을 얻고자 하는 독자나 전문가들을 위해 세심하게 기술된 안내서이다. 이 두 권의 한글번역본에는 '12주의 도약' 이라는 제목을 포함시켰다. 외상 후 스트레스 장애로 인해 적게는 수개월에서 많게는 평생 동안 고통을 겪고 있는 분들에게 12주는 정말로 짧은 치료 기간이기에 역자는 하루 빨리 PE를 통해 몸과 마음을 피폐화시키는 고통에서 벗어나 새로운 도약을 기원하는 마음을 책 제목에 담았다.

　에드나 포아 박사와의 깊은 인연은 2005년 펜실베이니아 대학교의 불안장애 치료 및 연구센터를 방문하고 이어 한국에서 외상 후 스트레스 장애 치료를 위한 PE, 즉 지속노출치료(Prolonged Exposure Therapy)의 전문가 워크숍을 주최하면서부터이다. 지속노출치료(PE)의 개발자인 포아 박사의 외상 후 스트레스 장애 치료에 대한 열정은 국가와 민족의 경계를 넘나든다. 미국에서 성폭력 피해자들에 대한 성공적인 치료 이후 각종 언론에서 이를 소개하는 프로그램을 방송하였고 미국의 보건복지부 산하 약물 남용 및 정신보건국(The Substance Abuse and Mental Health Services Administration, SAMHSA) 에서는 지속노출치료를 경험과학적으로 근거 있는 심리치료로써 공식적으로 인증하였다. 또한 외상 후 스트레스 장애를 겪는 수많은 파병 미군들을 치료하는 표준치료로써 모든 군인병원에서 이 PE를 실시하고 있다. 포아 박사의 PE는 국가적 경계를 넘어 세계 곳곳에서 성폭력이나 학교, 가정, 범죄폭력 등 각종 폭력의 피해자들에게, 또 9.11이나 지진 등의 재해나 사고로 인해 외상적 충격을 받아 고통받는 이들에게 새로운 삶을 열어주고 있다.

또한 포아 박사는 외상 후 스트레스 장애 진단규준을 정하는 정신장애 진단 및 통계편람 (Diagnostic and Statistical manual of Mental Disorders, 4th edition, DSM-IV) 위원회의 위원장을 맡을 만큼 학술적으로 영향력이 있는 연구자이며 임상가이지만 피해자의 아픔의 근원과 가해를 만들어내는 사회와 정치구조의 문제에 대해서도 많은 관심을 갖고 있다. 포아 박사와 이 분의 부군이며 같은 펜실베이니아 대학교의 세계적인 철학자 찰스 칸(Charles Kahn) 교수와의 대화에서 역자는 이 분들이 한국의 일본에 의한 식민지배의 역사, 그리고 우리 민족간의 전쟁의 피해 그리고 급속한 경제발전과 민주화운동 과정에서 발생한 외상피해에 대해 해박한 지식을 가지고 있다는 것이 놀라웠다.

역자는 뉴욕의 쥬커힐사이드 병원/롱아이랜드 유태인 메디컬센터에 근무하면서 9.11이라는 충격적인 사건을 맞았다. 뉴욕을 대표하는 두 개의 가장 높은 건물이 먼지더미로 무너진 사건은 뉴욕에서 수많은 사상자와 정신적 피해자들을 만들었고, 이민자들에 대한 과도한 억압이나 조사로 이차적인 외상피해로 고통받는 이들을 직접 만날 수 있었다. 이후 미국과 한국에서 아동, 청소년을 포함한 성폭력 피해자들을 만났고 연쇄살인범의 피해유가족들, 학교폭력 피해자와 국가폭력의 피해자들을 임상현장에서 만날 수 있었다. 역자는 이 피해자들이 지속노출치료를 통해 새로운 삶을 찾아가는 모습을 보면서 이 심리치료기법이 한국인들에게 적용되는 것에 확신을 갖게 되었다. 아쉬운 것은 좀 더 일찍 이 책을 독자들과 전문가들에게 소개하지 못한 점이다. 그러나 수많은 치료용어를 한국정서에 맞는 임상용어로 번안하여 다듬어가는 것이 쉽지 않은 지난한 과정이었다는 점을 밝히며 독자 여러분의 너그러운 이해를 바란다.

이 책을 출판하면서 많은 분들께 감사의 말씀을 드리고 싶다. 우선 이 책을 기반으로 치료과정을 인내하며 따르고 이제는 새로운 삶을 살고 있는 외상피해 내담자분들께 깊은 감사를 드린다. 또한 이 책의 번역과정과 임상연구 과정에 꼼꼼하게 참여해 준 the Tree Group의 스태프 선생님들 그리고 이 책의 디자인과 인쇄과정에 참여해 주신 필커뮤니케이션 담당자 분들께 감사를 드린다.

이 두 권의 역서를 지금도 외상 후 스트레스 장애로 인해 숨죽이며 고통 받고 있는 분들과 이 분들의 가족들에게 바친다.

2011년
역자 조용범

인증된 심리치료 시리즈 Treatments *That Work*™에 대하여

　지난 수년 간 보건영역에서 괄목할 만한 발전이 있었지만 정신건강과 행동의학에서 우리들이 널리 사용하고 있는 많은 치료적 개입과 전략의 효용성은 매우 적거나 오히려 해롭기까지 하다는 연구결과들이 나와 이것이 큰 문제로 대두되기 시작하였습니다. 하지만 최근 들어 경험과학적인 기반을 갖추고 효과가 입증된 치료적 전략들의 경우에는 많은 사람들에게 그 혜택이 돌아가야 한다는 의견들이 나오고 있습니다. 이러한 혁명적인 움직임의 배후에는 중요한 최근의 몇 가지 발전요인이 있습니다. 첫째로 우리는 좀 더 새롭고 정교한 개입치료의 개발에 도움을 주는 심리학적이면서 동시에 신체적인 부분의 병리학을 깊이 있게 이해할 수 있게 되었습니다. 둘째로는 연구방법론이 매우 발전하여 내외적 타당도가 훨씬 높아져서 그 결과물이 실제 임상상황에 직접적으로 적용될 수 있게 되었습니다. 셋째로는 전 세계의 보건시스템, 각 기관의 정책입안자들이 심리치료에 있어서 경험과학적 근거를 중심으로 서비스의 질적 수준이 향상되어야 한다는 결정을 하였고 이러한 결정이 공공의 이익에 부합되며, 이를 위해서는 서비스의 질적 향상이 있어야 한다고 말하였습니다(Barlow, 2004; Institute of Medicine, 2001).

　물론 새로 개발된 경험과학적 근거가 있는 심리학적 개입적 치료가 임상가들에게 접근이 용이하지 않은 점이 주요 문제입니다. 실제로 새로운 치료법에 대한 워크샵이나 서적을 통해 최신의 치료기법들과 그 기법들이 내담자/환자들에게 어떻게 적용되는지 알려고 하는 책임감 있고 양심적인 임상가들은 많지 않습니다. Treatments *That Work*™라는 이 시리즈는 새로운 심리치료기법을 직접 임상현장에서 선구적으로 실행하는 임상가들과 교류하기 위해서 출판되었습니다.

　이 시리즈에 있는 매뉴얼과 워크북은 개별적인 문제들과 특정한 문제들을 평가하고 치료하며 진단하는 상세한 절차들을 단계별로 소개하고 있습니다. 그러나 이 시리즈는 매뉴얼과 책이라고 하는 한계를 넘어 임상가들이 자신의 임상현장에서 이 절차들을 직접적으로 적용할 수 있도록, 거의 슈퍼비전(Supervision)에 가깝도록 많은 부가적인 자료들을 제공하고 있습니다. 미래의 보건체계에서는 책임 있는 정신건강 전문가라면 경험과학적으로 근거 있는 치료만 제공해야 한다는 것은 공통적으로 동의하고 있습니다. 모든 행동주의적 입장의 임상가들은 자신의 내담자를 위하여 최고의 서비스를 제공하고 싶어 합니다. 이 시리즈에서 우리는 새로운 치료기법의 전달 및 보급 문제들을 조금이나마 해결하려는 목표를 가지고 있습니다.

이 치료자 가이드와 내담자를 위한 워크북은 외상 후 스트레스 장애(PTSD) 치료를 담고 있습니다. 미국 내 성인가운데 약 70%가 자신의 일생동안 적어도 한 번은 외상사건을 경험한다고 보고하고 있고 이 사람들 가운데 20% 정도가 PTSD로 발전하는 것으로 나타나고 있습니다. PTSD 증상은 외상의 재경험, 외상과 연관된 것들에 대한 회피, 그리고 과경계와 같은 것들이 있으며 이러한 증상들은 심리적인 고통 및 낮은 삶의 질을 초래하며 경제적인 손실을 가져다줍니다.

이 책에 소개된 치료적 절차들은 PTSD의 심리사회적 치료 가운데 가장 경험과학적으로 타당도가 높은 것입니다. 20여년 이상의 연구 결과를 기초로 한 이 치료 프로그램은 지속노출(Prolonged Exposure)과 감정프로세싱 이론(Emotional Processing Theory)의 결합으로 이루어져 있습니다. 이 치료는 지금까지 수 백명의 사람들에게 제공되었으며, 외상생존자들에게 PTSD와 외상과 연관된 증상들을 경감시키는데 효과적이라고 증명되었습니다. 인지행동치료(Cognitive-Behavioral Therapy, CBT)에 익숙한 치료자들을 위해서 개발된 이 매뉴얼은 치료자들과 상담가들이 외상 이후 발생하는 다양한 PTSD를 치료할 수 있는 단기 CBT 프로그램을 시행할 수 있도록 가이드 할 것입니다. 이 치료 프로그램은 여성성폭력 피해생존자, 아동성폭력 피해생존자, 전쟁을 경험한 군전역자, 범죄피해자, 고문피해자 및 교통사고피해자들을 포함하는 다양한 그룹에게도 적용되어 도움을 줄 수 있습니다. 이 책은 모든 임상가들이 자신의 서재에 반드시 두어야 하는 믿을 수 있는 자료가 될 것입니다.

David H. Barlow, 대표 편집자
Treatments *That Work*™
Boston, Massachusetts

차례

치료자를 위한
서론
: 이론적 배경

제 1 장
치료자를 위한 서론 : 이론적 배경

이 치료자 매뉴얼은 '외상 후 스트레스 장애, 12주의 도약: 외상 후 스트레스 장애 치유를 위한 지속노출치료(PE) 워크북'의 동반 출판물이다. 이 매뉴얼과 치료기법은 인지행동치료(Cognitive Behavioral Therapy)에 익숙하거나 지속노출치료 전문 교육자에 의해 시행된 집중 워크샵 과정(Intensive Workshop)을 수료한 치료자에 의해서 시행되어야한다. 이 매뉴얼은 외상 후 스트레스 장애(PTSD)와 연관된 다양한 증상들을 치료하기 위한 단기 CBT 프로그램으로 치료자와 상담가를 가이드하게 될 것이다.

감정프로세싱 이론(Emotional Processing Theory)의 개요와 목적

감정프로세싱의 주요목표는 외상(Trauma)[1] 피해 생존자들이 자신의 외상 후 스트레스 장애(Post-traumatic Stress Disorder, PTSD) 증상과 외상과 연관된 증상을 낮추기 위해 외상경험을 감정적으로 프로세싱 하도록 돕는 것이다. 지속노출치료(Prolonged Exposure, PE)라는 명칭은 내담자들이 과도한 공포와 불안을 극복하기 위해 안전한 상태에서 불안을 일으키는 상황을 직면하도록 돕는 불안장애 치료에서 오랫동안 사용되어왔던 노출치료기법에서 시작하였다. 이 PE는 PTSD 증상을 약화시키기 위해 외상기억을 성공적으로 프로세싱 하는 것을 중요시하는 PTSD의 감정프로세싱 이론을 기반으로 하고 있다. 이 책에서 우리는 감정프로세싱이 PTSD 증상의 성공적인 경감의 주요 메커니즘

---

[1] 역자 주: 영문 명 Trauma의 한글 음역인 트라우마는 외상(外傷)이라는 전문용어로 통용되고 있다. 이 책에서는 Trauma의 한글표기로 '외상'을 주로 사용하고 있음을 밝힌다.

이라는 것을 강조하게 될 것이다.

PE는 다음의 절차들을 포함한다.

- 외상에 대한 일반적 증상반응에 대한 교육
- 호흡재훈련(예 : 내담자가 차분하게 호흡하는 방법을 가르치기)
- 외상과 연관된 정서적 고통과 불안 때문에 피해왔던 상황이나 물체들을 실제상황에서 반복적으로 노출하기
- 외상기억을 지속적인 상상노출을 통해 반복하기
  (예 : 상상으로 외상기억을 다시 떠올리고 이야기하기)

PE의 심리교육적 부분은 첫 회기에서 하는 치료에 대한 개괄적인 이론적 설명에 포함되어 있다. 이 치료 프로그램의 개관을 설명하기 위해서 우리는 외상을 상기시키는 것들에 대한 회피가 PTSD 증상 및 외상과 관련된 정서적 고통을 유지시키는 역할을 한다는 점, 그리고 PE를 통해 이러한 회피를 직접적으로 대응하게 될 것이라는 기본적인 개념을 소개하게 될 것이다. 이러한 이론적 근거는 PE의 주요 개입기법인 상상노출과 실제상황노출을 다음 몇 회기에서 반복적으로 상세하게 다루면서 설명하게 된다. 두 번째 회기에서는 외상에 대한 일반적인 반응을 논의하면서 치료자는 외상경험을 일으키는 일반적 증상과 감정 및 행동들을 검토하게 되는데, 이때 내담자는 자신의 외상경험에 대한 반응을 일부러 불러일으켜 이것에 대해서 논의하고 이 반응들을 중화시키는 목표에 대해서 알게 된다.

내담자들은 첫 번째 회기에서 소개되는 호흡재훈련이 자신들의 일상적인 기능성을 저해하는 긴장이나 불안을 낮추기 위해 효과적인 기술이라는 것을 알게 된다. 어떤 내담자들은 이 기술이 매우 유용하다고 말하며 자주 사용하지만 몇몇 내담자들은 그렇지 않은 경우도 있다. 아주 극소수를 빼고는 내담자가 노출 훈련을 하는 동안 호흡재훈련을 하도록 지시하는데 그 이유는 내담자가 특별한 기

구 없이 외상과 관련된 상황을 극복할 수 있는 능력이 스스로에게 있다는 것을 경험할 수 있기 때문이다. 우리는 이 호흡 기법 자체가 PE의 전체 과정과 결과에는 중요한 영향을 미치지는 않는다고 본다.

두 번째 회기에서는 외상과 연관된 불안과 정서적 고통 때문에 회피해왔던 상황, 활동, 장소 및 물체들에 안전하게 노출시키는 실제상황노출을 소개하게 된다. 이후 회기에서 치료자와 내담자는 매주마다 주어지는 숙제를 성공적으로 완수하기 위해 어떤 훈련을 연습할 것인지 내담자의 정서적 고통수준과 능력을 감안하여 결정하게 된다. 대부분의 경우 실제상황노출 훈련은 회기 후 집으로 돌아가서 다음 회기에 오기 전 사이에 시행하게 되지만 연습이 매우 어려울 경우에는 치료자와 내담자가 같이 실행할 수도 있다.

외상기억을 상상을 통해서 다시 떠올리는 상상노출은 세 번째 회기에서부터 시작된다. 상상노출은 내담자가 외상사건을 시각화하고 소리 내어 이야기하는 것으로 구성되는데 매 회기마다 실행하게 된다. 내담자의 말은 녹음이 되며 이 녹음된 내용은 숙제로 매주 청취해야만 한다. 앞서 말한 바와 같이 이 두 치료기법-상상노출과 실제상황노출-은 PE의 주요 절차를 구성하고 있다.

치료의 전반적인 이론적 근거에 대해서 설명한 바대로 실제상황노출과 상상노출의 목표는 외상사건을 감정프로세싱을 통하여 내담자가 외상기억과 이 기억과 연관된 상황을 직면할 수 있도록 돕는 것이다. 이렇게 함으로써 내담자는 외상기억과 이와 연관된 상황과 활동이 실제 외상 그 자체와 같지 않다는 것을 학습하게 된다. 내담자들은 스스로 외상을 상기시키는 것들을 안전하게 경험함으로써 처음에 직면했을 때 나타났던 불안과 정서적 고통이 점차 사라지기 시작하고 이 고통을 감내할 수 있다는 것을 배우게 된다. 최종적으로 이 치료는 PTSD로 인해 고통 받는 사람들이 자신의 존재를 제한시키며 제대로 기능하지 못하게 했던 공포와 회피로부터 자신의 삶을 되찾을 수 있도록 돕는다.

외상 후 스트레스 장애의 진단 기준

정신장애의 진단 및 통계 편람 제4판(DSM-IV-TR)에 포함되어 있는 외상 후 스트레스 장애(PTSD)는 개인의 생명과 신체의 안위에 실제적이거나 가상적인 위협을 목격하거나 경험했을 때 발생할 수 있는 불안장애의 일종이다. 외상사건에 대한 정서적 반응으로는 두려움, 공포감 및 무기력감이 있다. PTSD는 다음 3개의 증상군으로 구분된다: 재경험, 회피, 과경계

DSM-IV-TR 의 외상 후 스트레스 장애의 진단 기준

A. 외상성 사건을 경험한 개인에게 다음 2가지 증상이 모두 나타난다 :

    (1) 개인이 자신이나 타인의 실제적이거나 위협적인 죽음이나 심각한 상해, 또는 신체적 안녕에 위협을 가져다주는 사건(들)을 경험하거나 목격하거나 직면하였을 때

    (2) 개인의 반응에 극심한 공포, 무력감, 고통이 동반될 때

    주의 : 소아에서는 이런 반응 대신 지리멸렬하거나 초조한 행동을 보인다.

B. 외상성 사건을 다음과 같은 방식 가운데 1가지(또는 그 이상) 방식으로 지속적으로 재경험할 때 :

    (1) 사건에 대한 반복적이고 집요하게 떠오르는 고통스런 회상(영상이나 생각, 지각을 포함)

    주의 : 소아에서는 사고의 주제나 특징이 표현되는 반복적 놀이를 한다.

    (2) 사건에 대한 반복적이고 괴로운 꿈

    주의 : 소아에서는 내용이 인지되지 않는 무서운 꿈

    (3) 마치 외상성 사건이 재발하고 있는 것 같은 행동이나 느낌(사건을 다시 경험하는 듯한 지각, 착각, 환각, 해리적인 환각 재현의 삽화들, 이런 경험은 잠에서 깨어날 때 혹은 중독 상태에서의 경험을 포함한다.)

    주의 : 소아에서는 외상의 특유한 재연(놀이를 통한 재경험)이 일어난다.

(4) 외상사건과 유사하거나 상징적인 내적 또는 외적 단서에 노출되었을 때 심각한 심리적 고통

(5) 외상사건과 유사하거나 상징적인 내적 또는 외적 단서에 노출되었을 때의 생리적 재반응

C. 외상과 연관되는 자극을 지속적으로 회피하려 하거나, 일반적인 반응의 마비(전에는 없었던)가 다음 중 3가지 이상일 때 :

(1) 외상과 관련되는 생각, 느낌, 대화를 피한다.

(2) 외상이 회상되는 행동, 장소, 사람들을 피한다.

(3) 외상의 중요한 부분을 회상할 수 없다.

(4) 중요한 활동에 흥미나 참여가 매우 저하되어 있다.

(5) 타인과 분리 또는 동떨어진 듯한 느낌

(6) 정서의 범위가 제한되어 있다(예: 사랑의 감정을 느낄 수 없다.).

(7) 미래가 단축된 느낌(예: 직업, 결혼, 자녀, 정상적 삶을 기대하지 않는다.)

D. 증가된 각성 반응의 증상(외상 전에는 존재하지 않았던)이 2가지 이상 있을 때 :

(1) 잠들기 어려움 또는 잠을 계속 자기 어려움

(2) 자극에 과민한 상태 또는 분노의 폭발

(3) 집중의 어려움

(4) 지나친 경계

(5) 악화된 놀람 반응

E. 장해(진단 기준 B, C, D)의 기간이 1개월 이상이다.

F. 증상이 임상적으로 심각한 고통이나 사회적, 직업적, 다른 중요한 기능 영역에서 장해를 초래한다.

세분할 것 :

급 성 : 증상 기간이 3개월 이하

만 성 : 증상 기간이 3개월 이상

지연성 : 스트레스 발생 후 적어도 6개월 이후 증상이 나타난다.

PTSD 증상은 외상사건 이후 발생하게 되는 게 보통이지만 대부분의 외상피해생존자들은 시간이 지나면서 이 증상들의 강도와 빈도수가 자연적으로 줄어든다. 그러나 소수의 사람들은 PTSD 증상이 지속되고 만성화되며 일상적 기능성을 훼손하게 된다. DSM-IV-TR에 의하면 급성적 PTSD 진단은 외상사건 후 1개월이 지난 뒤에도 계속되고 임상적으로도 유의미한 정서적 고통과 상해를 유발시킬 때 진단된다. 만일 이 증상이 3개월 이상 지속된다면 만성적인 것으로 진단되며 만일 외상사건 이후 6개월 동안에 아무 증상이 없다가 6개월 이후에 증상이 나타나면 지연성으로 진단한다.

유병률

미국의 경우 60% 사람들이 일생동안 적어도 한 번 정도 외상사건에 노출되는 것으로 나타났다. 자연적으로 치유되는 일반인들을 고려할 때 미국 인구 중 PTSD가 일생동안 발생할 확률은 약 8-14%로 보고 있다. 이 통계적 수치는 외상피해생존자 대부분은 실제로 PTSD를 경험하지 않는다는 것을 말한다. 연구결과를 보면 여성이 남성보다 2배 정도의 PTSD 발병률을 보이고 있으며 그 이유에 대해서는 톨린과 포아(Tolin & Foa, 2006)에 의해서 논의되었다. 또한 몇 개의 논문에서는 대부분의 자연치유는 초기 3개월 안에 이루어지게 되고 외상사건 이후 1년이 지났을 때도 PTSD가 지속이 되면 치료적 개입 없이 자연적으로 치유되기는 어려운 것으로 밝혀졌다. PTSD는 기분장애, 불안장애 및 마약중독장애와 높은 공병률을 보인다. 또한 외상피해생존자들은 다른 사람들보다 더 많은 의료적 문제가 있었으며 PTSD는 낮은 삶의 질과 막대한 경제적 손실(잦은 결근)을 수반하는 것으로 나타났다. 이렇게 PTSD는 심리적인 정서적 고통을 유발할 뿐만 아니라 심각한 공공보건 문제와 경제적 문제를 일으키는 것이다.

지속노출치료(PE) 프로그램의 개발과 경험과학적 근거

지금까지 PE를 포함한 다양한 노출치료기법이 PTSD 치료에 효과적이라는 경험과학적인 연구들은 많이 있다. 인지행동치료적 요인을 포함하거나 혹은 포함하지 않는 노출치료기법의 효능에 대해서는 여성성폭력 피해자들이나 아동학대 피해자, 교통사고나 고문 및 범죄 피해 혹은 전쟁피해자와 같은 다양한 외상적 경험을 한 남녀들에게서도 검증된 바 있다. 우리는 펜실베이니아대학교의 불안장애 치료 및 연구센터에서 수백 명의 내담자들에게 이 치료를 적용하여 매우 잘 통제된 연구를 20여 년간 수행하면서 PE를 개발하였다. 우리는 이 치료기법을 다양한 임상 현장에서 또 여러 국가에 있는 수많은 치료자들에게 훈련시켜 왔다. 지난 수년간의 연구 결과와 임상적 경험은 PE를 현재의 형태로 진화시켰고 상세한 내용은 이어지는 장들에 기술되어 있다. 훈련자로서의 우리의 경험은 치료자가 PE를 효과적으로 적용할 때 가지게 되는 의문이나 염려 사항들에 잘 응답할 수 있게 해주었고 그 기반으로 이 책을 기술하였다.

PE의 기본개념은 1980년에 DSM-III에서 PTSD를 불안장애의 일종으로 제시하면서부터 생겨났다. 이전에는 PTSD가 공식적으로 진단되지 않았을 뿐만 아니라 이 장애를 어떻게 효과적으로 잘 치료할 수 있는지에 대한 경험과학적 지식도 없는 상태였다. 그러나 이미 1980년에 특정 공포증, 공황장애, 강박장애와 같은 불안장애의 증상을 낮추는데 노출치료 요인들이 효과적이라는 경험과학적 지식을 우리는 충분히 얻은 상태였다. 불안장애 치료 클리닉에서 일하는 우리와 같은 치료자들은 외상경험으로 인해 발생한 불안증상들을 이미 치료하고 있었고 당시에는 PTSD라고 명명하지 않았었지만 노출치료적 기법이 이러한 증상들을 경감시켜 준다는 것도 발견했었다.

특정 노출 프로그램이 불안장애 범주에서도 특정한 불안장애에 더 효과적이라는 연구결과는 (예,

체계적 둔감화는 광장공포증보다 특정 공포증에 더 효과적이었음) 불안장애의 하나인 PTSD에 특화된 노출치료 프로그램의 단초가 되었다. 이러한 생각을 토대로 1982년에는 만성적인 PTSD로 고통 받는 외상피해생존자들을 위한 지속노출치료를 개발하기 위해 국립정신건강연구원(National Institute of Mental Health, NIMH)에 연구신청을 하게 되었고 이 치료가 강간 피해자들에게 어떠한 효과가 있는지를 연구하게 되었다. 첫 번째 연구는 1984년에 시작하게 되었는데 이후에도 지속적으로 NIMH에서 연구 자금을 지원받았고 최근에는 국립 알코올 남용 및 중독 연구원(National Institute on alcohol Abuse and Alcoholism, NIAAA) 로부터 연구 지원을 받아 PE 프로그램의 치료결과와 과정을 밝히기 위해 다양한 내담자 그룹에게 PE를 시행하며 연구를 진행하고 있다.

앞서 언급한 바대로 우리는 지난 수십 년 간 수많은 치료의 결과 연구를 통해 PE의 효능성과 효과성을 검증해왔고 PE를 다른 형태의 인지행동 치료와도 비교해 왔다. 모든 연구는 무작위 통제 연구 디자인을 사용하였고 심리사회적 치료의 효능을 검증하는 최고의 표준방법론을 적용하여 시행하였다. 또한 연구를 위해서 치료 매뉴얼을 사용하였고 명확한 기준을 토대로 포함할 부분과 제외할 부분을 선별하였으며 결과에 대한 독립적인 맹검시험을 하여 표준화하였으며 타당도가 검증된 도구를 사용하여 증상의 변동여부를 평가하고 치료자체의 정확도를 끊임없이 모니터링 하였다.

첫 번째 연구에서는 45명의 만성적 PTSD를 겪고 있는 강간 피해 여성에게 9회기의 지속노출치료(Prolonged Exposure, PE), 스트레스 경감 훈련(Stress Inoculation Training, SIT) 또는 지지상담(Supportive Counseling, SC)을 받도록 했으며 치료효과는 대기 리스트 통제 그룹(wait list control)이라고 불리는 치료를 기다리는 그룹과 비교하였다. 치료회기는 90분간 일주일에 2번 시행되었다. 치료자는 석사나 박사학위를 소지한 심리학자였다. 치료종결이 되는 시점에 PE와 SIT를 받은 내담자들의 대부분과 지지상담을 받은 사람들 중 일부는 대기 리스트에 있었던 사람들보다는 확연히 증상이 완화되었다. 그러나 일 년 뒤 후속측정에서는 PE를 받은 사람은 지속적으로 증상이 완화된 반면 다른 그룹은 초기에 성취했던 완화정도와 동일한 수준을 보였다. 이 연구는 표본규모가 작은 여성을 대상으로 이루어진 연구였지만 연구결과는 매우 희망적이었다.

두 번째 연구에서는 만성적 PTSD로 진단된 97명의 여성 강간 피해생존자와 성폭력 이외의 PTSD 증상을 보이는 사람들에게 일주일에 2번씩 하루 90분 동안 9회에 걸쳐 PE, SIT 또는 PE와 SIT를 같이 실행하였으며 이를 대기그룹과 비교하였다. PE와 SI를 병행한 그룹과 이 중 하나만 시행한 그룹 모두 PTSD 증상과 우울증상이 현저하게 낮아지는 것이 나타났지만 대기그룹의 경우, 증상의 완화는 발견되지 않았다. 치료종료 직후 측정에서 PE를 받은 여성 중 35%, SIT를 받은 여성 중 42%, 두 치료를 모두를 받은 여성 중 46%가 PTSD 진단을 내릴 수 있었다. PE 와 SIT를 동시에 받은 그룹이 가장 치료효과가 높을 것이라는 기대와는 달리 단일 PE를 실행한 그룹이 SIT와 PE를 동시에 실행한 그룹 보다 더 높은 치료효과가 있는 것으로 나타났다. 특히 치료의 효과 정도를 측정하는 효과크기(effect size)는 단일 SIT나 PE를 동시에 실행 했을 때보다 단일 PE를 실행했을 때 그 크기가 훨씬 컸으며 많은 내담자들이 PTSD 증상뿐 아니라 일반적인 불안, 우울증의 척도에서도 증상이 완화된 것으로 나타났다. 비슷한 결과가 1년 뒤 후속측정을 했을 때도 발견되었는데, 이렇게 단일 PE를 실행하는 것보다 PE와 SIT를 동시에 시행하는 것이 덜 효과적이라는 결과는 매우 의아한 일이었다. 이러한 현상이 발생하는 것은 SIT는 많은 기술들을 습득하여야 하는데, 이것과 함께 PE를 하게 될 때 내담자들에게 과도한 부담을 주기 때문이라고 설명할 수 있다.

이러한 설명은 세 번째 연구를 진행하도록 하였는데 이 연구에서 우리는 단일 PE와 공황장애와 같은 불안장애에 효과 있는 것으로 알려진 인지재구조화(Cognitive Restructuring, CR)와 같은 단 하나의 기술만 포함하는 PE를 비교하여 연구하였다. PE에 추가된 CR의 가중효과를 강간이나 성적 피해와 기타 폭력과 아동기 성학대로 인해 만성적 PTSD 진단을 받은 179명의 여성들을 조사하게 되었다. 이 가운데 74명은 지역의 성폭력치료센터(Women Organized Against Rape, WOAR)에서 일하는 상담 분야와 사회복지분야의 석사생에 의해 시행되었다. 이 치료자들은 연구에 참여하기 전에 CBT 치료 경험이나 수련을 받지 않고 성폭력 피해 생존자들을 위해 일해 왔다. 당시 이 기관의 표준임상절차는 위기개입과 개인 및 그룹 지지상담이었다. 이 연구에 참여한 사람들은 좋은 평판을 받고 있던 이 기관에서 성폭력 관련 서비스를 받아왔던 사람들이었다.

연구에 참여한 또 다른 105명의 여성은 펜실베이니아대학교의 불안장애 치료 및 연구센터에서 일하는 임상가들이 맡았다. 이 치료자들은 CBT와 특히 PE에 많은 경험을 쌓은 박사학위 소지자인 임상심리학자였다. 이 두 기관에서 연구에 참여한 치료자들은 모두 PE의 초급 및 고급 과정을 전문훈련자들에 의해서 받았고 외상 중심의 인지재구조화 훈련을 받았다.

처음 5일 동안 진행된 PE 워크샵은 PE 사용을 위한 이론 및 그 효과에 대한 개관과 PE를 어떻게 적용할 것인지에 관련된 지시사항을 포함하였다. 대부분의 시간은 이 치료의 전반적인 이론적 근거와 상상노출 및 실제상황노출의 이론적 근거를 어떻게 내담자에게 전달하는가와 어떻게 노출기법을 적용할 것인가에 할애되었다. 두 번째 진행한 5일간의 워크샵은 인지재구조화에 관한 내용에 집중하였는데, 이 훈련에서는 어떻게 CR을 외상피해생존자들에게 적합하게 수정하여 피해자가 자신과 타인 그리고 세계에 관해 갖고 있는 사고와 신념을 바꾸는 것에 초점을 맞추어서 훈련이 진행되었다.

이 연구에 참여한 여성들은 일주일에 한번씩 90분정도의 회기를 9회에서 12회를 받게 되었다. 연구결과, 단일 PE 그룹과 PE와 CR을 같이 적용한 그룹 모두 PTSD 증상, 불안증상 그리고 우울증상이 모두 대기 리스트 통제 그룹보다 상당히 완화된 것으로 나타났으며 이것은 치료 이후에 즉시 측정했을 때뿐만 아니라 1년 이후 경과를 측정했을 때도 동일한 결과가 나타났다. 이 두 치료기법이 동일하게 효과적이었지만 단일 PE를 적용한 것이 PE와 CR을 결합하여 적용한 것보다 효과크기가 더 큰 것으로 나타났다.

여타의 많은 연구에서도 PE를 다른 치료기법과 비교하였는데 그 효과성은 위의 연구결과와 비슷하였다. 레식(Resick)과 동료들은 PE를 인지프로세싱 치료(Cognitive Processing Therapy, CPT)와 비교하였다. CPT는 강간 피해자를 위한 인지치료로써 강간으로 인한 PTSD를 겪고 있는 여성에게 자신의 외상을 글로 써서 반복적으로 읽게 하여 노출을 하는 형태의 치료기법이다. 역시 대기 리스트 통제 그룹과 비교하여 PE와 CPT 모두 PTSD 증상과 우울증에 현저한 경감효과를 보였고 이 경감효과는 9개월 이후 다시 측정했을 때도 유지되었다. 이 두 그룹간의 차이는 증상 측정 도구에서 크게 나타나지 않았지만 CPT가 PE 보다 죄책감과 관련된 측정에서 조금 더 효과적인 것으로 나타났다.

성폭력 관련 PTSD를 겪고 있는 여성에 대한 로스바움(Rothbaum)의 연구에서는 PE그룹, 안구운동 둔감화 재처리기법(Eye Movement Desensitization and Reprocessing, EMDR) 그룹, 대기 리스트 통제 그룹을 각각 비교하였다. EMDR은 외상과 연관된 문제들을 치료하는 또 다른 치료적 접근으로, 내담자에게 외상에 관한 이미지 및 생각과 감정들을 떠올려 혐오적인 내용에 대해 평가를 하게 함으로써 외상과 자신의 행동에 대한 대안적인 인지적 평가를 다시 하도록 돕는 접근방법이다. 이 치료 과정 중에 치료자는 내담자에게 빠르고 급작스러운 안구운동을 유도한다. 연구결과에 따르면 대기 리스트 통제 그룹과 비교하여 두 개 치료기법은 모두 PTSD와 우울 불안증상을 호전시키는 것으로 나타났으며 이 두 치료는 치료 후 평가에서 큰 차이가 없었다. 그러나 PE 치료를 받은 그룹은 6개월 후의 복합적인 개인의 기능성(functioning) 측정에서 EMDR보다 훨씬 우수한 것으로 나타났다.

미국과 다른 나라에서도 몇몇 연구자들은 CBT 요인을 포함하거나 혹은 포함하지 않는 상상노출이나 실제상황 노출에 대한 많은 연구를 시행하였다. 이 연구결과들을 종합해보면 PE와 같은 노출치료들이 다른 형태의 CBT 치료보다 PTSD나 우울증과 불안증 증상들을 경감시키는데 매우 효과적이라는 것이 나타났다. 또한 포아 박사의 2005년도 연구를 비롯해 여러 연구 결과에서도 PE에 여러 가지 CBT의 기법들을 추가하는 것이 단일 PE를 적용하는 것보다 효과적이라는 근거는 밝혀지지 않았다. 그렇기에 우리는 PE에 다른 공식적인 CBT기술들을 포함시키지 않기로 하였다.

지역사회에 있는 임상가들이 PE를 효과적으로 시행할 수 있을까? 2005년 포아 박사의 연구는 CR의 증가된 효과를 조사했을 뿐 아니라 지역사회에 있는 성폭력 상담기관에서 근무하는 석사를 마친 상담자와 펜실베이니아대학교 연구소에서 근무하는 박사학위소지 임상가들에 의해서 실행된 치료 효과를 비교하였다. 비교 결과, 두 그룹 사이에는 차이가 없는 것으로 나타났으며 이는 CBT 전문가가 아니더라도 PE를 성공적으로 시행될 수 있다는 것을 보여주었다. 우리는 현재 지역사회에 근무하는 치료자들이 전문가들의 슈퍼비전이 제공되지 않는 상태에서도 PE를 얼마나 지속적으로 잘 사용하는가, 또 PE를 지역사회기관에서 일상적으로 사용하는 치료방법과 비교해서 얼마나 더 효과적인지에 대한 치료기법전수 연구를 추가로 시행하고 있다.

우리가 지역사회에 있는 상담자들에게 PE 기법을 전수시킬 수 있었던 것은 연구소와 여성상담기관이 필라델피아에 함께 위치하고 있었기 때문이었다. 필라델피아 지역 밖에서도 PE 기법이 잘 전달될 수 있도록 하기 위해 우리는 치료기법 전수의 두 번째 모델을 개발하였는데 이 모델의 목적은 치료기법의 전수 과정에서 전문가의 참여를 줄임으로써 전체적인 비용을 줄이는 것과 동시에 전문가들이 없는 곳에도 효과적으로 이 기법을 전달할 수 있도록 하는 것이었다. 이 모델에서 지역사회 임상가들은 우리 클리닉에서 일정 기간 수련을 받고 자신의 지역사회에 돌아가서 PE 기법 전수를 위해 다른 임상가들을 수련하고 슈퍼비전을 할 수 있게 된다.

전 세계의 PE 워크샵 중 가장 체계적인 치료기법 전수 프로그램은 포아 박사와 동료들에 의해 지난 4년간 이스라엘에서 시행된 PE프로그램이다. 테러 공격이나 전쟁과 연관된 만성적 PTSD를 호소하는 피해자들을 치료하는 센터에서 근무하는 임상가들은 우리 기관에서 2주에서 5주정도의 수련을 통해서 슈퍼바이저(Supervisors)가 되었다. 다양한 기관들 (예, 병원, 대학교, 합동 치료기법 전수위원회)과 정부기관(이스라엘 국방성)이 PTSD를 중심으로 외상과 연관된 심리적 문제에 초점을 맞추어 이 임상가들을 위한 5일 워크샵을 지원하였다.

PE 기법을 전수하는 프로그램은 앞서 기술한 축적된 경험을 토대로 만들어졌다. (예, 필라델피아에 있는 여성상담센터에서 치료자를 수련시키는 연구) 이 워크샵 이후에는 여러 슈퍼비전그룹이 형성되었다. 슈퍼바이져들은 우리 센터에서 수련을 받았고 슈퍼비전그룹은 정기적으로 만나 녹화테이프를 보고 내담자의 치료계획과 경과에 대해서 논의하였다. 비록 우리는 슈퍼바이져들에 대한 자문이 필요할 때 응했지만 자문가로서의 우리의 참여는 매우 제한적이었다.

슈퍼비전그룹에서 치료를 받은 내담자들의 결과를 보면 매우 인상적이었다. 예를 들어 Tel

Hashomer 병원에서 처음 PE 치료를 받은 10명의 내담자는 모두 남자였으며 전쟁수행으로 인한 만성적 PTSD로 고통 받고 있었다. 이들 중에는 30년 넘게 PTSD 증상으로 고통 받고 정신과적 치료를 받았지만 전혀 도움이 되지 않았고 증상도 호전되지 않았던 사람들이었다. 그러나 이들에게10-15회기의 PE 치료를 시행한 이후에 증상은 평균 58%나 경감되었다. 이러한 인상적인 치료결과는 우리 센터와 지역사회 성폭력 상담센터에서 치료한 성폭력과 비성폭력 여성피해자들을 대상으로 한 연구결과와도 비슷하였다. PE 치료와 일반적 치료(Treatment as usual)를 비교한 무작위 통제 연구결과 역시 앞서 공개된 연구결과와 매우 유사했다.

   PE의 효과를 증명하는 수많은 연구결과들에 힘입어 PE 치료 프로그램은 2001년 미국 보건복지부(Department of Health and Human Services) 산하 약물남용 및 정신건강보건국(Substance Abuse and Mental Health Services Administration, SAMHSA)에서 모범 약물남용 예방 프로그램 상을 받았다. 그리고 우리 치료 프로그램이 전 국가적으로 전달되는 모델 프로그램으로 명시되었다.

외상 후 스트레스 장애의 지속노출치료 모델: 감정프로세싱 이론

   앞서 설명한 바대로 지속노출치료의 개념적 근간은 포아 박사와 코자크(Kozak) 박사에 의해 개발된 감정프로세싱 이론이다. 이 감정프로세싱 이론은 노출치료기법 배후의 메커니즘과 불안장애를 이해하는 기본적인 틀을 제공한다. 감정프로세싱 이론의 출발점은 공포란 위험을 피하려는 일종의 프로그램, 즉 인지구조로써 기억에 표상된다는 이론이다. 공포구조는 공포 자극(예, 곰), 공포반응(예, 심장 박동수 증가), 자극체와 연관된 의미(예, 곰은 위험하다), 그리고 반응(예, 높은 심장 박동수는 내가 두려워한다는 것을 뜻한다)을 포함한다. 이 공포구조가 현실적인 위험을 반영하면 우리는 이러한 것을 정상적인 공포구조로 보고 이에 맞추어 위험에 효과적인 행동으로 대처하게 된다. 즉 곰을 발견했을 때 느끼는 두려움과 공포심 그리고 이를 피하기 위한 반응은 적절한 것이고 정상적이며 적응적인 공포반응이라고 생각할 수 있다.

포아 박사와 코자크 박사에 의하면 공포구조는 다음과 같은 상황일 때 병리적으로 바뀌게 된다. (1) 자극요인들 간의 관계가 세계를 정확하게 반영하고 있지 않을 때, (2) 생리적인 도피/회피 반응이 무해한 자극체에 의해 촉발될 때, (3) 과도하거나 과민하게 촉발된 반응요인이 적응적 행동을 방해하게 될 때, (4) 무해한 자극과 반응요인이 위협적 의미와 잘못 연결될 때. 포아 박사와 코자크 박사는 불안장애란 특정한 병리적 구조에 반응하고 있는 상태를 말하며 이 공포구조에 있는 병리적 요인들을 수정하면 불안장애가 경감된다고 제안하였다. 이러한 수정은 감정프로세싱의 핵심요인으로써 노출치료와 함께 성공적인 치료 배후의 중요 메커니즘이다. 포아 박사와 코자크 박사에 의하면 공포구조의 성공적인 치료로 불안증상을 경감시키기 위해 필수적인 2가지 조건이 있다. 첫째는 공포구조가 활성화 되어야 한다. 이 공포구조에 대한 수정 없이는 변화를 가져오기가 어렵다. 둘째로, 공포구조에 내재화된 잘못된 정보와 모순되는 새로운 정보가 있어야 하고 이 새로운 정보가 기존의 공포구조와 통합되어야 한다. 이렇게 되면 불안증상을 유발하는 정보는 사라지게 된다.

그렇다면 안전한 상태에서 또는 해를 입을 가능성이 매우 낮은 상태에서 이전의 공포를 느끼게 했던 자극체(상황과 물체)를 체계적이고 지속적으로 직면시키는 것이 어떻게 위에 언급한 두 조건을 충족시키게 되는 것일까? 공포자극체에 노출을 하게 되면 이와 연관된 공포구조를 활성화시키게 되고 공포스러운 결과가 일어날 가능성과 그 결과에 대한 현실적 정보를 제공하게 된다. 외부위협에 대한 공포(다시 공격받게 되는 상황)와 더불어 사람들은 노출과정에서 불승인(disconfirm)되었던 불안 자체에 관한 잘못된 인지를 발견하게 되는데, 예를 들어, 불안은 그 상황을 피하기 전까지는 끝나지 않을 것이라는 신념 혹은 불안으로 인해 내가 통제불능상태가 되고 미쳐버릴 것이라는 신념들을 발견하게 된다. 이러한 새로운 정보는 노출치료회기 동안 재 코드화 되어 공포구조를 활성화시키고 자신이 경험했거나 비슷한 자극체에 노출시켜 회기 간 습관화를 중재(mediating)함으로써 증상을 경감시키게 된다.

포아 박사와 그 동료는 기존의 감정프로세싱이론을 더욱 정교화하여 PTSD의 통합이론을 제시하였다. 이 이론은 외상사건 이후의 자연회복을 설명하고 또 PTSD 증상 유발과정 및 만성적 PTSD의 치료와 예방을 위한 인지행동치료의 효과성을 설명한다.

감정프로세싱 이론에 의하면 PTSD 증상의 기초가 되는 공포구조는 위험이라는 의미와 오류적으로 연관된 많은 자극체 요인들과 PTSD 증상을 반영하는 행동반응과 생리적인 흥분상태의 표상(representation)이다. 너무 많은 자극체가 위험한 것으로 여겨지기 때문에 PTSD를 가진 사람들은 이 세계가 모두 위험하다고 인식하게 된다. 뿐만 아니라 사람이 외상사건 동안에 보인 행동과 이어지는 증상, PTSD 증상에 대한 부정적 해석과 같은 표상은 자신이 무능력하다는 생각과 연관되게 된다. 이러한 두 가지의 큰 부정적 인지(세계는 모두 위험하다. 나는 이 문제를 극복할 수 있는 능력이 없다.)는 PTSD 증상을 더욱 심각하게 만들고 결과적으로는 잘못된 인지를 강화하게 된다(상세한 것은 Foa & Rothbaum의 1998년 논문을 참고할 것).

외상피해생존자들의 외상에 대한 설명은 파편화 되어 있거나 체계적이지 못한 경향이 있다. 포아 박사와 리그스(Riggs)박사는 체계적이지 않은 외상기억 상태는 강렬한 정서적 고통으로 인해 코드화된 정보 프로세싱을 방해하는 몇 개의 메커니즘에 의한 것이라고 말한다. PTSD가 외상의 지리멸렬한 기억과 연관이 있다는 가설을 뒷받침하는 아미르(Amir), 스태포드(Stafford), 프레시맨(Freshman), 포아 박사의 연구에서는 외상적 폭력이 일어난 직후 외상기억을 상세하게 기술하기 어려운 것이 12주 이후에 높은 PTSD 증상을 보이는 것과 상관관계(association)가 있음을 발견하였다. 부가적으로 포아, 몰나르(Molnar), 캐쉬만(Cachman)박사는 지속노출을 통한 PTSD치료는 외상사건에 대한 설명을 잘 조직화하는 것과 상관관계가 있으며 기억의 낮은 파편화는 경감된 불안과 상관관계가 또한 높은 조직화는 낮은 우울증과 상관관계가 있다는 것을 발견하였다.

자연회복과 만성적 PTSD 증상의 발전

위에서 언급한대로 높은 PTSD 증상 수치는 외상사건을 겪은 직후 많이 발견되며 대부분의 사람들은 시간이 지나면서 그 증상이 줄어들게 된다. 그러나 외상피해생존자들 가운데 통계적으로 의미 있는 소수는 자연적으로 회복하지 못하고 수년 동안 PTSD 증상으로 고통을 받게 된다. 포아 박사와 카힐(Cahill) 박사는 자연회복은 매일의 일상과정에서 일어나는 감정프로세싱의 결과라고 제안하였다. 이 프로세스는 외상기억의 반복적인 활성화와 외상과 연관된 사고나 감정을 다른 사람과 나눔으로써 재몰입하고 외상을 상기시키는 상황들을 직면하도록 만든다. 추가적인 외상이 없을 때 이러한 자연스러운 노출은 이 세계가 위험하고 자신은 무능력하다는 외상 후 흔히 나타나는 지각을 불승인하는 정보를 포함하게 된다. 뿐만 아니라 이 사건에 대해 지지적인 다른 사람들과 이야기하고 다시 생각하는 것은 피해생존자들이 자신의 기억을 의미 있는 방식으로 조직화하는데 도움을 준다.

그렇다면 왜 특정한 외상피해생존자들은 만성적 PTSD로 발전하게 되는 것일까? 감정프로세싱 이론에서는 만성적 PTSD로 발병하게 되는 이유는 외상을 상기시키는 요인을 치열하게 회피하여 외상기억을 적절하게 프로세스를 하지 못하기 때문이라고 설명한다. 그러므로 PTSD의 치료는 감정프로세싱을 증진시키는 것에 초점을 맞추게 된다. 자연회복 방식과 유사하게 PTSD 치료를 위한 지속노출치료는 공포구조의 활성화 즉 내담자가 의도적으로 외상과 연관된 생각, 이미지, 상황을 상상노출이나 지속노출을 통하여 직면하고 자신에 대한 이전의 인식과 세계에 대한 인식이 부정확한 것이라는 것을 학습하도록 유도한다.

지속노출치료가 외상 후 스트레스 장애 증상을 어떻게 경감시키는가? 외상기억과 연관된 외상을 상기시키는 요인을 회피하는 것은 부적강화과정(negative reinforcement)을 통해서 유지된다. 다시 말하면 이 부적강화는 단기간은 불안을 낮추지만 장기적으로는 감정프로세싱을 방해함으로써 외상과 연관된 공포를 유지시키게 한다. 지속노출치료는 외상기억과 이를 상기시키는 요인을 직면함으로써 인지적 및 행동적 회피가 주는 부적강화를 차단하고 PTSD를 유지시키는 주요 요인들을 줄여나가게 된다. 감정프로세싱과 연관된 또 다른 매커니즘은 불안을 습관화하여, 불안이 영속되고 단지 회피할 때만 감소될 것이라는 잘못된 신념을 불승인하는 것이다. 이러한 과정을 통해서 내담자들은 자신의 증상을 감내할 수 있게 되고 이 증상을 경험하는 것이 PTSD 증상을 가진 많은 내담자들이 공포스러워하는 것처럼 미쳐버리거나 통제불능 상태가 되는 것은 아니라는 것을 학습하게 된다.

상상노출과 실제상황노출은 내담자가 외상사건을 그와 유사하거나 위험하지 않은 사건들과 구분시킬 수 있도록 도와준다. 외상사건 자체를 특정한 시간과 공간에서 발생한 특수한 사건으로 생각하도록 돕게 되는데 이렇게 함으로써 이 세계가 전적으로 위험하고 자신이 전적으로 무능하다라는 생각을 부정할 수 있도록 한다. 중요한 점은 PTSD 내담자의 경우 외상사건을 생각하는 것이 바로 지금 그 사건이 일어나는 것과 같은 느낌을 받는다고 보고한다는 점이다. 외상기억에 대한 반복적인 상상노출은 내담자로 하여금 그 외상을 기억하게 하여 감정적으로 자극을 받게 하지만 과거와 현재를 구분시킴으로써 자신이 그 외상 속에 다시 있는 것이 아니고 외상사건을 생각하는 것 자체는 위험하지 않다고 구분해 내는 것을 촉진시킨다. 외상기억을 다시 반복적으로 떠올리고 이야기하도록 하는 것은 내담자가 경험한 위협적인 내용들에게 가려진 위험에 대한 잘못된 신념과 자신의 무능력에 대한 잘못된 신념에 대항하여 그 외상사건에 대해 정확하게 평가할 수 있도록 돕게 된다. 예를 들어 폭력 피해를 받았던 상황에서 저항을 충분히 하지 못한 것에 대해 죄책감을 느끼는 사람들은 자신이 심하게 반항했다면 더 큰 상해를 입었을 수 있다는 것을 깨닫게 된다. 이러한 모든 변화는 PTSD 증상을 경감시키고 자기효능감과 자신감을 높여준다. 상상노출과 실제상황노출을 통해 수정된 정보는 상상노출 후에 이어지는 각 회기의 프로세싱 부분에서 상세하게 다루어지게 된다.

지속노출치료(PE) 프로그램의 장점과 단점

장점

이 장에서 기술한 바와 같이 PE에 대한 20여 년간의 연구결과를 보면 PTSD 치료에 가장 효과가 있는 치료는 PE이다. 대부분의 연구에서 지속노출치료는 PTSD 증상을 경감시킬 뿐만 아니라 우울증, 일반적 불안, 분노, 죄책감과 같은 외상과 연관된 문제들도 경감시키는 것으로 나타났다. 이렇게 함으로써 사람들은 자신의 원래의 삶을 되찾게 된다.

단점

PE 치료와 연관된 주요 단점으로는 치료과정 중에 불안을 일으키는 이미지나 기억, 상황들을 내담자가 직면할 때 불편감과 정서적 고통을 겪게 되는 것이다. PE의 절차는 내담자가 외상기억(불안, 공포, 슬픔, 분노, 수치심, 죄책감)과 연관된 다양한 감정에 몰입하도록 함으로써 이 외상기억을 잘 프로세스 할 수 있도록 돕는 것이다. 8장에 상세하게 기술한 바대로 지속 노출치료 기간 동안에 치료자는 내담자가 자신의 외상기억을 잘 프로세싱 할 수 있도록 가이드하면서 지지적이며 공감적인 자세를 유지해야 하며 동시에 감정적 몰입의 수준과 이 과정에 나타나는 불편감을 조정하기 위해서 내담자의 불편감을 잘 모니터링하고 개입할 수 있어야만 한다. 외상피해생존자들에게 PE 치료를 권할 때에는 외상과 연관된 고통스러운 경험을 드러내어 감정적으로 프로세싱 할 때 정서적 고통수준이 일시적으로 증가되고 또 PTSD 증상과 불안이나 우울증과 같은 정신과적 증상들이 악화될 수 있다는 사실을 고지해야만 한다. 치료자는 내담자에게 좋아지기 위해서 때로는 '고통을 이겨내야만 한다'라고 설명해야 할 필요도 있다. 그러나 한 연구에서 PTSD 증상을 호소한 75명의 여성에게 PE를 실행했을 때 증상의 일시적인 악화가 치료의 조기 탈락률을 높이거나 하지는 않은 것으로 나타났다. 내담자들 가운데는 PE에서 긍정적인 치료효과를 경험하지 못했지만 노출치료 이후의 증상이 악화되었다고 보고하는 경우는 매우 드물었다.

대안적 치료

이 치료자 매뉴얼에서는 PTSD의 인지행동적 치료를 조사한 연구를 상세하게 다루지는 않았지만 우리의 연구가 매우 독특하거나 예측 못한 결과들을 발견한 것은 아니었다. 지난 20여년간의 연구에서 노출치료가 PTSD와 외상과 연관된 병리를 경감시키는 것으로 나타났기 때문에 많은 전문가들은 PE를 PTSD의 심리사회적 치료 중 가장 경험과학적으로 타당도가 있는 접근으로 내담자에게 우선적으로 실시해야 하는 개입치료로 지정하게 되었다. PE와 함께 또 다른 노출치료기법을 적용하는 CBT 프로그램 중 경험과학적으로 연구 조사되고 그 효과성이 증명된 치료로는 스트레스경감훈련

(SIT), 인지프로세싱치료(CPT), 인지치료(CT), 안구운동 둔감화 및 재처리(EMDR) 치료가 있다(이에 대한 자세한 검토는 Foa & Meadow, 1997; Rothbaum, Meadow, Resick, & Foy, 2000; Harvey, Bryant, & Tarrier, 2003; and Cahill & Foa, 2004 연구논문을 참고할 것).

약물의 역할

전문가들은 PTSD의 우선적인 약물치료기법으로 SSRI (Selective Serotonergic Reuptake Inhibitors) 제제를 고려한다. 지금까지 미국 식품의약청에서 PTSD 치료를 위해서 인정한 약물은 Sertraline이라고 하는 Zoloft와 Paroxetine이라 하는 Paxil이 두 종류뿐이다. 몇 개의 무작위 통제 연구결과, SSRI제제가 위약보다 우수했다는 게 발견되었고 대부분의 SSRI 제제의 경우 PTSD 증상군으로 알려진 재경험, 회피, 과경계 증상을 낮추는 것으로 나타났다. 이러한 약물들은 또한 PTSD와 공병이 되는 우울증, 공황장애, 강박 신경장애와 같은 증상들을 완화시키는데 효과적일 뿐만 아니라 부작용도 상대적으로 낮기 때문에 많이 사용되고 있다.

그러나 PTSD의 약물치료에 대한 우리의 지식을 확장하기 위해서는 더 많은 연구가 필요하다. 이 연구에는 약물 치료와 심리사회적 치료 및 이 두 가지 치료를 겸했을 때의 상대적 효과성을 비교하는 연구도 포함되어야 한다. PTSD로 고통 받는 사람들은 이 두 가지의 치료기법을 동시에 받고있지만 그 효과성과 특정한 치료 조합의 효과성에 대한 연구는 거의 없다. 우리는 최근에 PE와 Sertraline의 치료증진 효과에 대한 연구를 실시하였는데 이 연구에서 단일 Sertraline만 복용한 환자보다 PE를 같이 한 환자가 훨씬 효과적으로 치료되는 것으로 나타났다. 만성적 PTSD 진단을 받은 남성과 여성 외래환자에게 10주간 Sertraline을 투여하고 이들을 무작위로 나누어 단일 Sertraline을 5주간 투여한 그룹(n=31)과 Sertraline과 일주일에 두 번씩 10회기 동안 PE를 실시한 그룹(n=34)을 비교하였다. 결과에 의하면 Sertraline은 10주 후에 심각한 PTSD의 증상을 현저하게 낮추었지만 이후 5주 이후에는 별다른 증상 완화는 없었다. PE를 받은 내담자의 경우에는 PTSD 증상이 더욱 경감되는 것으로 나타났다. 이러한 증진 효과는 약물과 함께 PE를 받은 사람들에게서만 관찰이 되었기 때문에 PTSD 증상 완화를 위해 Sertraline과 함께 PE를 추가 하는 것이 단일 약물에 반응하는 것보다 훨씬 PTSD 증상을 완화하는 것으로 나타났다.

또한 우리의 연구뿐 아니라 연구에 참여하지 않은 여타의 임상케이스에서도 많은 내담자들이 PE를 시작하기 전에 SSRI 제제나 PTSD, 우울증 증상 완화를 위한 약물을 복용하고 있었다. 우리는 연구 측정 목적으로 약물을 복용하는 환자의 경우에는 PE 치료를 시작하기 최소한 3개월 전에는 안정화된 약물을 복용하도록 의무화하였다. 우리의 경험에 의하면 약물 치료를 동시에 하는 것이 PE 치료과정과 결과에 나쁜 영향을 미치지 않는다고 생각한다. 특히 심한 PTSD 증상과 공병요인인 우울증을 호소하는 내담자들의 경우에는 약물치료와 동시에 PE 치료를 온전히 참여할 수 있도록 하는 것이 도움이 될 것으로 보인다.

지속노출치료(PE) 프로그램의 개요

PE 치료 프로그램은 주1회 혹은 주2회, 10-15회기의 치료회기로 이루어지며 각 회기는 90분으로 구성되어 있다. 이 매뉴얼은 각 회기를 어떻게 시행할 것인지에 대한 지시사항을 포함하고 있으며 내담자에게 이 자료를 어떻게 설명할 것인가를 각 장에 나누어 기술하고 있다.

이 매뉴얼에서는 각 회기마다 무엇을 달성해야 하는지(완결해야 하는 시간범위), 내담자에게 어떤 정보를 제공을 할 것인지, 어떠한 심리치료적 기술들을 적용하고 사용할 것인지, 내담자에게 어떠한 숙제를 줄 것인지에 대한 개요를 담고 있다. 내담자는 이 모든 필요한 정보를 담은 숙제 양식들이 있는 워크북을 받게 될 것이다. 각각의 회기는 내담자가 매 주마다 숙제로 검토하기 위해서 녹음을 해야만 한다. 첫 번째 회기의 호흡재훈련 과정은 내담자가 이 호흡훈련을 집에서 할 수 있도록 따로 녹음을 하도록 한다. 마지막으로 세 번째 회기가 시작될 때는 각 회기마다 두 개의 녹음을 진행해야 한다. 즉, 외상기억을 다시 떠올리거나 이야기하는 상상노출 부분은 내담자가 매일매일 노출하여 녹음 내용을 듣도록 하기 위하여 따로 녹음을 한다. 또한 "회기녹음"이라고 하는 녹음음원에는 회기 중 상상노출을 시작하기 전까지 녹음하고 상상노출 이후에 하는 논의를 포함하게 된다.

다음 장에 기술하게 되겠지만 치료과정 중에 내담자의 경과를 모니터링 하는 것은 PE의 중요한 요소이다. 내담자는 PTSD 증상과 우울증 증상을 자기 보고형 측정도구로 평가하게 된다. 내담자가 평가를 마친 후에는 회기를 시작하기 전, 치료자가 간단히 검토해주도록 한다.

강한 치료적 협력과 치료의 이론적 근거에 대해서 명확하고 설득력있게 설명하는 것이 매우 중요한 치료의 기초석이다. 그러나 PE와 같이 매뉴얼화 되어 있는 치료를 하면서 치료적 협력을 잘 유지하기 위해 지지적이며 공감적인 반응을 하는 것에는 많은 연습이 필요하다. 치료 매뉴얼을 따르는 것이 치료과정을 비인간화 한다는 생각은 잘못된 것이지만 개별적인 내담자에게 이 치료 매뉴얼을 적절히 잘 맞게 적용하면서 동시에 심리치료자로서 역할을 하기 위해서는 많은 연습과 기술들이 필요하다.

회기(session)의 구조

첫 번째 회기는 치료 프로그램의 개요와 노출치료의 이론적 근거들을 내담자들에게 제공하는 것으로 시작한다. 이 회기의 후반부는 내담자가 겪은 외상에 대한 정보를 수집하고 그 외상에 대한 내담자의 반응과 외상 이후의 스트레스 경험에 대해서 정보를 수집하게 된다. 부록에 있는 외상 인터뷰는 내담자의 치료 프로그램을 디자인할 때 유용한 정보를 수집할 수 있도록 가이드해 줄 것이다. 이 회기는 호흡재훈련을 소개한 후 마무리하게 된다. 숙제로는 내담자가 치료의 이론적 근거를 검토하고 다음 회기에 오기 전까지 회기에서 녹음했던 내용을 듣고 매일같이 호흡재훈련을 연습하도록 한다. 워크북에 있는 호흡재훈련 정보는 이 연습을 내담자가 계속 할 수 있도록 도와줄 것이다.

치료자는 첫 번째 회기를 시작하기 전에 외상 인터뷰에 있는 질문들에 익숙해져야 하고 이렇게 함으로써 자연스럽게 내담자의 외상과 이전의 과거력에 대해서 물어 볼 수 있게 될 것이다. 만약에 PE를 담당하는 치료자가 내담자의 과거력을 알고 있는 상태라면 외상인터뷰에 나와 있는 인터뷰의 모든 질문을 다시 할 필요는 없으며 이러한 부분들은 수정이 가능하다.

두 번째 회기에서는 내담자가 외상과 그에 대한 자신의 증상반응 및 그 결과들에 대해서 상세하게 이야기 할 수 있도록 기회를 주게 된다. 외상에 대한 일반적 증상반응은 워크북에서 논의되었다. 이 논의는 대화를 하면서 이루어지게 되며 상호교류적인 상태에서 진행되어야 한다. 회기 2에서는 또한 실제상황노출의 이론적 근거를 제시하게 되고 마지막으로 치료자와 내담자가 같이 내담자가 피해왔던 상황이나 활동 또는 장소에 대해 순위표를 만들도록 한다. 이 회기 후에 내담자는 실제상황노출 숙제를 통해 피해왔던 상황들을 직면하게 될 것이다. 회기 2는 이어지는 주 동안에 할 실제상황노출 숙제를 정하는 것으로 마무리된다. 내담자는 지속적으로 호흡연습을 해야 하며 호흡연습과 함께 다음 회기에 오기 전까지 회기에서 녹음되었던 내용을 듣고 매일 한 번씩 외상에 대한 일반적 반응에 관한 자료를 읽도록 요구된다.

세 번째 회기는 숙제에 대한 검토를 한 후 상상노출의 이론적 근거를 내담자에게 교육한다. 또한 치료자는 내담자가 자신의 외상기억을 상상을 통해서 떠올릴 수 있도록 돕는다. 이 상상노출 기간동안 내담자는 45-60분에 걸쳐서 외상경험을 이야기하도록 지시받는다. 그리고 나서 15분에서 20분 정도 내담자가 자신의 외상과 연관된 가정과 생각들을 프로세싱 할 수 있도록 돕는 논의를 하게 된다. 이 회기 마지막에 내담자에게 주어지는 숙제는 매일 한 번씩 상상노출의 녹음과 회기 녹음내용을 듣는 것과 정해진 실제상황노출을 하는 것이다.

중간부 회기(4회기-9회기 이상)는 숙제검토와 45분 정도의 상상노출, 15-20분 정도의 이어지는 생각과 감정에 대한 프로세싱, 그리고 15분간의 실제상황노출 숙제에 대한 깊이 있는 논의로 이루어진다. 치료가 진행되면서 내담자는 상상노출을 통해 외상을 떠올리고 상세하게 이야기를 하면서 외상적 경험에서 가장 고통스러운 부분 즉, "핫스팟"이라고 불리는 기억에 점진적으로 초점을 맞추어 다루게 된다. 후반부 회기에서 내담자의 상태가 증진되면서 상상노출은 짧아지게 되며 약 30분대로 줄어들게 된다.

*회기10(혹은 마지막 회기)*은 숙제검토와 외상기억에 대한 20-30분간의 논의 및 이 외상기억에 대한 경험이 치료과정에서 어떻게 변화되었는지에 초점을 두어 노출에 대해서 논의를 하고 내담자의 치료 경과들을 상세하게 검토하도록 한다. 회기의 마지막 부분은 내담자가 치료과정에서 배운 것들을 지속적으로 적용할 수 있도록 논의하고 재발방지와 치료종료에 대해서 논의하도록 한다.

다음 장은 누구에게 지속노출치료(PE)가 적절한 것인지를 평가하는 가이드라인을 담고 있다. 앞서 말한대로 PE는 PTSD의 치료를 위한 것이지 외상을 위한 치료는 아니다. 외상과 연관된 문제들을 호소하는 피해자들을 철저하게 평가하여 PE가 적절한 치료인지 아닌지 여부를 잘 결정하여야 한다.

내담자용 워크북의 사용

내담자용 워크북은 치료자가 지속노출치료를 잘 시행할 수 있도록 돕는다. 내담자용 워크북은 치료자매뉴얼의 틀에 따라 간략한 정보와 지시사항들을 담고 있으며 치료회기 동안에 필요한 숙제 기록지들을 포함하고 있다. 또한 워크북에는 노출순위를 만들고 상상노출을 시행하여 상상노출 및 실제상황노출 숙제를 잘 따라 할 수 있도록 하는 표가 포함되어 있다. 이 워크북을 통해서 내담자는 치료의 이론적 근거를 검토하고 숙제로 준 연습내용을 잘 기록하고 회기 동안에 배운 것들을 강화해 나가는데 도움이 된다고 느끼게 될 것이다. 내담자들은 이 워크북에 있는 기록지들을 복사하거나 Treatments *That Work*™의 웹사이트에서 다운로드해서 사용할 수 있게 된다.

PE 치료에 필요한 양식(노출 숙제 기록지, 외상에 대한 일반적 증상반응에 대한 정보 등)들은 이 치료자 매뉴얼에 포함되어 있으며 치료자 또한 워크북에서 복사하거나 웹사이트에서 다운로드 하여 사용할 수 있다.

외상피해생존자
평가와 치료를 위한
고려 사항

제 2 장
외상피해생존자 평가와 치료를 위한 고려 사항

　이번 장에서는 '어떤 사람이 PE 치료에 적합한가?' 라는 질문에 대한 답부터 시작하여 치료 적용대상인 외상 생존자에 대한 평가 가이드라인을 살펴볼 것이다. 그러고 나서 외상 생존자들에게 PE를 적용할 때 고려해야 하는 중요한 점들에 대해 논의하고 내담자의 준비상태를 평가하고 지지하는 데에 도움이 될 수 있는 권고사항을 제시할 것이다. PE는 내담자의 삶에 의미 있는 변화와 성장을 가져오는 경우가 많은데, 내담자는 우선 스스로 시간과 용기를 내며 기꺼이 배우겠다는 서약을 반드시 할 필요가 있다. 어떤 경우에는 내담자가 외상 관련 어려움을 극복하려는 이유들을 되짚어봄으로써 5-6 회기 정도를 PE 준비 과정으로 사용하는 것이 치료 결과와 치료를 지속하는데 도움이 될 수 있다. 내담자가 삶을 되찾고 만족스러운 삶을 살기 위해서는 고통과 불안을 감내하는 능력이 매우 핵심적이기 때문에 치료자는 내담자가 고통감내기술을 잘 활용하도록 격려하고 지지해야 한다.

PE, 누구에게 적합한가?

　외상을 겪은 피해생존자 모두가 PE 와 같이 외상을 집중적으로 다루는 치료 프로그램을 필요로 하는 것은 아니다. 여러 연구에서 외상을 경험한 많은 사람들이 자연스럽게 치유가 되는 것으로 나타났다 (Riffs, Rothbaum, & Foa, 1995; Rothbaum et al., 1992; Kessler et al., 1995). 실제로 PTSD 증상과 기타 외상에 의한 반응은 외상 이후 즉각 나타나는 경우가 많지만 보통은 1년, 특히 최초 3개월 안에 증상이 가라앉는 경우가 많다. 따라서 PTSD 치료연구를 위해서는 외상사건을 경험한지 최소한 3개월

이 넘기 전까지는 외상피해생존자 평가를 하지 않는다.

만약 내담자가 외상사건을 경험한 후 1개월이 지난 뒤에도 PTSD 증상이 유의미한 수준으로 지속되고 있다면, PE 치료를 고려하는 것이 좋다. 외상 생존자에 대한 많은 치료와 연구 결과를 바탕으로 아래 항목에 해당되는 내담자에게 PE 치료를 권한다.

- **모든 종류의 외상으로 인해 발생한 외상 후 스트레스 장애 증상 및 관련 정신병리적 증상 (예, 우울감, 만성적 불안감, 높은 수준의 분노감 또는 수치감, 2축 장애)을 겪을 때:** 만약 진단 기준에 완전히 맞지 않는다면 내담자가 해당 장애로 인하여 유의미한 수준의 고통스러운 증상을 가지고 있어야 한다.

- **외상사건에 대하여 상세하게 기억할 수 있을 때:** 내담자가 말이나 글로 외상기억을 묘사할 수 있으며, 이야기의 처음, 중간, 끝을 모두 기억하는 경우.

20여 년 동안 우리는 PE의 효율성을 높이기 위해서 많은 연구에서 제외준거(exclusion criteria)를 점진적으로 최소화해왔다. 이러한 과정을 통하여 PE가 주요 우울장애나 기타 기분장애, 불안장애, 2축 장애, 또는 알코올이나 약물남용 문제를 심각하게 또는 복합적으로 가지고 있는 PTSD 내담자들에게 매우 큰 도움을 줄 수 있다는 것을 알게 되었다. 하지만 PE 치료 프로그램을 시작할 수 있는 문을 넓힘과 동시에 몇 가지 중요하고 상식적으로 당연한 제외준거를 재정립했다. 다음에 나오는 증상들이 함께 나타나는 경우에는 반드시 이 부분을 임상적으로 우선 순위에 두어야 하고, 이에 대한 치료적 개입을 하거나 내담자의 컨디션이 안정화되기 전까지는 PE를 적용하지 않아야 한다.

- **자살이나 타인을 해하고자 하는 즉각적인 위협이 있는 경우:** PTSD 내담자의 경우에는 현재 자살 생각을 하거나 자살 시도력이 있는 경우가 많다. 하지만 현재 자살 충동 위험이 높다면, 우선적으로 자살이나 타인을 해치려는 행동에 대한 치료를 해야 하며 외상을 집중적으로 다루는 치료를 시작하기 전에 반드시 이 증상을 안정화시켜야 한다.

- **심각한 자기 파괴 행동을 하는 경우**: PTSD 내담자 가운데 손목을 긋거나 화상을 입히는 등의 자기 파괴 행동 경험이 있는 사람들은 적지 않다. 그렇지만 현재도 위험 행동을 하고 있다면, 내담자가 자기 파괴 행동에 대한 충동을 조절할 수 있는 방식이나 기술을 배우기 전까지는 PE를 시작하는 것은 위험하다. 우리가 수행한 연구에서는 내담자들에게 심각한 자기 파괴 행동이 최소한 3개월 동안 없어야 하고, 자해 충동이 생기면 이를 조절하기 위한 기술을 사용할 것이라는 서약을 받았다. 치료를 진행하는 동안 내담자가 자해 충동을 경험할 수 있지만, PE 치료를 하는 중에는 부정적 감정을 감내하는 방법을 학습하게 되기 때문에 도망치거나 회피 혹은 주의를 분산하는 행동을 하지 않아도 자기 파괴 행동에 대한 충동이 낮아지는 것을 경험하게 될 것이다.

- **현재 정신증 증상을 보이는 경우**: 정신증 진단을 받은 내담자들에게는 오랫동안 PE 치료를 적용하지 않았으나, 최근에는 정신증 병력을 가지고 있더라도 적절한 약물 처방을 통해 안정된 상태이거나 현재 정신증 증상을 보이지 않는 경우에는 PE를 시행하기 시작했다. 이러한 내담자들에게 치료 결과가 성공적이었지만, 아직까지 체계적인 연구는 없는 상태이다.

- **현재 폭력 피해 위험에 노출되어 있는 경우 (예, 가정 폭력)**: PE는 부정적 사건을 겪을 위험이 많은 고위험 환경에서 살고 있는 많은 내담자들을 성공적으로 치료하였다. 하지만 내담자가 현재 폭력 피해나 성적 학대, 또는 심각한 상해를 입을 수 있는 상황에서 놓여 있다면 반드시 안전을 먼저 확보하고 위험한 상황으로부터 분리시키는 것에 집중해야 한다. 내담자의 안전을 늘 최우선시 해야 한다. 내담자가 폭력 피해를 받고 있는 상황으로부터 분리되고 증상을 안정화할 수 있는 시간을 가진 뒤에 PE를 시작해야 한다.

- **외상사건에 대하여 충분히 또는 명확하게 기억하지 못하는 경우**: PE가 외상사건을 기억해내고 상기시키기 위한 방법으로 사용되지 않도록 주의해야 한다. 간혹 사람들이 PE 치료를 통해 외상사건에 대한 보다 상세한 기억을 떠올리게 되곤 한다. 하지만 PE 치료 프로그램은

외상이 기억나지 않거나 외상으로 고통받고 있다는 모호한 '느낌'을 가지고 있는 내담자에게는 시행되어서는 안 된다.

이러한 제외준거에 더하여 외상 생존자에게 PE를 제공하는 것이 적절한지 결정할 때 일반적으로 고려해야할 기타 항목들은 다음과 같다.

약물 / 알코올 남용 및 의존

초기 연구에서 우리는 약물이나 알코올 남용 혹은 의존 진단규준에 부합하는 내담자들을 포함시키지 않았고, 먼저 약물 또는 알코올 관련 장애에 대한 치료를 받은 후에 외상을 중심적으로 다루도록 권했다. 최근에는 이를 수정하여, 약물이나 알코올 문제가 있는 경우에도 PTSD 치료를 위해 PE를 제공하고 있다. 하지만 고통을 회피하기 위한 방법으로 약물 사용을 하는 경우에는 약물 사용을 줄이거나 중단하도록 강력하게 권고하고 있다. 이러한 경우 알코올 중독자 모임(Alcoholic Anonymous)이나 마약 중독자 모임(Narcotics Anonymous)과 같은 곳에서 다양한 지원을 받도록 도와야 한다. 치료기간 중 내담자의 약물남용을 모니터링을 해야 하는데, 특히 불안이나 고통스러운 감정을 줄이거나 회피하기 위해 약물류를 사용하는 경우에는 집중적인 모니터링을 해야 한다.

우리는 알코올이나 약물 의존 진단 규준에 부합하는 내담자에게 PE를 시행하는 것을 자제해왔다. 하지만 PTSD와 알코올 의존성 진단을 받은 내담자에 대한 치료를 주제로 현재 진행중인 연구의 일차 결과에 따르면, 알코올 사용을 중단하려는 동기를 가지고 있는 내담자의 경우에는 알코올 의존 치료를 동시에 받을 때 PE로 긍정적 효과를 얻을 수 있는 것으로 보인다. 이 결과는 PE가 알코올과 약물 의존 문제를 집중적으로 치료하는 내담자들에게 효과적이고 성공적으로 적용될 수 있다는 것을 시사한다. 만약 내담자가 알코올이나 약물 사용을 중단하려는 동기를 가지고 있고 동시에 알코올/약물 남용 치료를 받는 것에 동의를 한다면, PE를 적용하는 것이 적절할 수 있다.

고위험 거주 및 작업 환경

내담자가 매우 위험한 지역에 거주하거나 유해한 일을 하는 경우에 상해 위험이 높아질 수밖에 없기 때문에 PE가 효과적일지에 대해 의문을 갖는 것은 당연하다. 안타깝게도 우리는 이스라엘이나 전쟁 위험 국가에서 테러 위협 속에 살고 있는 사람들이나, 착취적이고 폭력적인 이웃들과 함께 살고 있는 여성, 불법 마약 등을 파는 곳 근처에 살고 있는 여성, 위험한 전쟁 지역에서 근무하는 현역 해병 등과 같이 위험한 환경에 놓여있는 사례들은 쉽게 찾을 수 있다. 그렇다면 PE 치료를 받는 중에, 혹은 앞으로 더 많은 외상에 노출될 수 있는 사람들에게도 PE가 도움이 될 수 있을까?

미국과 해외에서의 경험에 비추어 봤을 때 이 질문에 대한 응답은 '그렇다'이다. PTSD 진단 규준에 부합하는지 판단할 때는 내담자가 경험하고 있는 공포와 회피 반응이 과거에 발생한 외상이라는 점이 포함된다. 현재 일상생활에서 오는 상해 위험이 공포감을 심하게 할 수 있고, 또한 그 반대도 사실이다: PTSD가 있는 경우에 일상에서 상해를 입을지 모른다는 생각과 공포감을 증폭시키기 때문이다. 이런 환경에 놓인 사람들에게는 다음과 같이 설명하도록 한다.

> "위험한 곳에서 살고 있거나 일을 하는 것 자체가 상해 위험을 높인다는 것을 잘 알고 있습니다. 과거에 있었던 일들로 인해 PTSD를 겪고 있고, 이 장애로 인해서 현재 삶이 실제보다 더 많이 위험하다고 느끼게 만든다는 것 또한 잘 알고 있습니다. 우리는 당신(혹은 내담자의 이름[주2])의 과거 외상에 대해서 감정프로세싱을 하는데 도움을 주고자 합니다. 그러면 PTSD 증상은 점차 줄어들면서, 남아있는 부분이 무엇인지 알게 될 것입니다. 우리는 실제상황노출 연습을 잘 계획해서 상해 위험 없이 당신이 나아지도록 도우려고 합니다. 과거 외상과 관련된 PTSD 증상이 줄어들면, 일상적인 스트레스와 위험 속에서도 보다 편안하게 살아갈 수 있는 방법을 터득하게 될 것입니다."

고위험 상황에 대해 위와 같은 형태로 생각하도록 하면 PTSD 내담자가 이치에 맞다고 여기고 수용하게 되는 경우가 많다.

---

[2] 역자 주: 원본에는 내담자를 지칭할 때 항상 'you'를 사용하기 때문에 번역시에 '당신' 혹은 '여러분'이라고 번역하였다. 그러나 실제 임상상황에서 내담자와 이야기 할 때 '당신'이나 '여러분'이라는 용어를 사용하기보다는 서로 편하게 느끼는 적절한 호칭을 사용하도록 한다.

심각한 해리 증상

심리치료자들은 노출이 해리 증상을 증가시킬 수 있다는 염려 때문에 해리 증상이 심각하거나 해리성 장애(Dissociative Disorder)를 가지고 있는 내담자들에게 노출치료를 적용하는 것에 대해 의문을 제기하곤 한다. 우리는 연구에서 해리 증상이 있는 내담자들을 보통은 제외하지 않았고, 다른 큰 규모의 임상실험(clinical trials)에서도 마찬가지였다. 이러한 내담자들에게 PE를 적용할지 여부를 결정할 때, PTSD와 관련된 해리 증상이 얼마나 심각한지 고려해야 한다. 만약 내담자의 해리적 경험이 심각도와 간섭정도에서 PTSD와 연관된 증상보다 더 크다면 내담자가 PE를 통해 치료 효과를 얻기 어려울 수 있다. 이렇게 임상적으로 우선시 되어야 하는 장애들(예, 자살 위기를 동반한 심각한 우울증, 심각한 약물 의존)이 있을 때는 더 심각한 생명 손상적인 장애를 먼저 치료하도록 해야 한다.

2축 장애 여부

성격장애 진단이 가능한 내담자들을 PE 치료에서 배제하지 않도록 한다. 실제로 만성적인 PTSD 내담자들이 2축 장애를 동시에 가지고 있는 경우가 많은 것으로 알려져 있고, 우리가 치료한 내담자 군도 이와 마찬가지였다. 폭력과 연루된 만성 PTSD로 치료를 받은 내담자 가운데 성격장애가 있는 사람들과 그렇지 않은 사람들의 결과를 비교 연구하였는데, 이 두 그룹 간에 PTSD 증상 감소에 있어서 통계적으로 유의미한 차이는 없었다(Feeny, Zoellner, & Foa, 2002; Hembree, Cahill, & Foa, 2004). 그러나 심각한 성격장애를 가지고 있는 사람들은 안전 문제로 인해 치료에서 제외될 수 있다(예, 현재 심각한 자해 또는 자기 파괴행동 문제가 있는 경계선 성격 장애 내담자).

현저한 죄책감이나 수치감을 동반한 PTSD

PTSD를 겪는 사람들은 때때로 현저한 죄책감이나 수치감을 경험하는데, 예를 들면 강간 피해를 당한 여성이 강간 피해를 예방했어야 한다고 생각하거나 자신이 피해 장소에 있었다는 점이나 가해자에 맞서 충분히 싸우지 않았다는 점 때문에 자신을 비난하는 경우, 혹은 근무 중에 살인을 하게 된 군인의 경우가 있다. 죄책감과 수치감은 사고로 다른 사람에게 상해를 입힌 내담자의 경우나, 극도의 스트레스나 분노로 인한 폭력 행동을 저지른 사람들에게 두드러지게 나타날 수 있다. 이런 경우에도 노출치료는 매우 효과적일 수 있다. 예를 들어, 가상 베트남 (Virtual Vietnam)이라는 가상현실을 이용한 지속노출치료의 경우 죄책감이 주로 나타나는 내담자에게 효과적이었고(Rothbaum, Ruef, Litz, Han, & Hodges, 2003), 노출치료를 통해 폭력 가해자들을 성공적으로 치료한 문헌에서 그 사례들이 보고된 바 있다(예, Rogers, Gray, Williams, & Kitchiner, 2000). 죄책감을 주요 감정으로 느끼는 PTSD 사례들의 경우에는 이 죄책감에 대해 충분히 다루기를 권한다. 외상기억에 대한 상상노출을 하면 프로세싱을 하는 과정에서 내담자들이 외상을 맥락 안에서 볼 수 있도록 돕게 되고, 현실적 관점에서 외상사건을 이해하도록 돕게 된다.

요약

요약하면, PE는 다양한 종류의 외상사건 이후 PTSD(또는 심각한, 임상적으로 의미 있는 증상들)를 겪는 사람들 가운데 외상경험을 명확하게 기억할 수 있는 사람들이 잠정적으로 좋은 대상자가 될 수 있다. 만성적 PTSD 내담자들에게는 다양한 복합적인 문제(예, 실직, 재정적 어려움, 만성 건강 문제, 대인관계 및 가족 관계 문제, 사회적 고립 등)뿐 아니라, 1축, 2축 장애를 함께 가지고 있는 경우가 매우 많은데 PE는 이러한 문제들이 있는 경우에도 성공적으로 적용할 수 있었다. 그러나 다른 장애가 생명 손상적이거나 명확하게 임상적 중요도를 가지고 있는 경우라면 PE를 시작하기 전에 그 부분을 먼저 치료하기를 권한다.

여러 연구에서 PE가 PTSD 뿐 아니라 우울감과 불안, 분노감 역시 감소시키는 것으로 나타났기 때문에 PE가 복합적인 외상경험과 임상적 문제가 다양하게 나타나는 내담자에게도 도움이 될 수 있다는 것은 분명하다. 8장에서는 내담자가 당면한 삶의 문제들과 방해 요소들 가운데에서도 외상경험에 대해 감정프로세싱 하는 것에 집중할 수 있는 방법에 대해 다루게 될 것이다.

평가 전략

외상생존자가 PE를 받는 것이 적합한지에 대한 결정을 하기 위해서는 초기 평가가 반드시 진행되어야 한다. 우리 클리닉에서는 다음과 같이 평가를 진행한다:

- 외상사건 이력에 대한 상세한 정보를 얻고 치료의 목표로 할 외상을 결정한다(예, 증상을 유발하는 것으로 보이는 외상은 치료적으로 가장 우선시 되어야 한다).
- PTSD(또는 유의미한 증상 여부) 진단 가능 여부와 심각도를 확인한다.
- 공병하는 장애가 있는지 여부를 평가한다.
- 현재 다른 장애가 있다면 그 심각도와 즉각적인 개입이 필요할지에 대해 정한다.

위의 목표를 달성하기 위한 초기평가는 평가자 인터뷰와 자기 보고형 검사로 구성하여 시행한다. 우선 외상사건의 준거 A에 해당하는 외상이력을 수집하고, 여러 번 발생한 사건이라면 그 가운데 현재 가장 고통스러운 것이 무엇이고 얼마나 빈번하게 재경험을 하는가에 대한 정보를 얻도록 한다. PTSD를 진단하고 심각도를 평가하기 위해서 외상 후 증상 측정-인터뷰(Posttraumatic Symptom Scale-Interview, PSS-I) 를 사용한다(Foa et al., 1993). 보통은 DSM-IV 1축 장애 진단을 위한 구조화된 임상 인터뷰 (Structured Clinical Interview for DSM-IV Axis 1 Disorders, SCID I; First, Spitzer, Gibbon, & Williams, 1995) 또는 다른 임상 인터뷰를 이용해서 1축 장애 여부를 평가한다. 자기 보고형 도구는 외상 후 스트레스 진단 측정도구(Posttraumatic stress Diagnostic Scale(PDS); Foa, Cashman, Jaycox, & Perry, 1997)와 벡 우울증 검사(Beck Depression Inventory, BDI; Beck, Ward, Mendelson, Mock, & Erbaugh, 1961)를 사용한다.

우리는 내담자의 증상을 아래의 두 가지 방식으로 정기적으로 평가를 한다. 먼저 평가자의 인터뷰와 내담자의 자기보고형 측정 도구를 이용하여 치료 전과 치료 후(follow-up 평가)에 목표 증상이 어떻게 변화했는지 평가한다. 두 번째로 자기보고형 측정도구(대부분 PDS와 BDI)를 치료과정이 진행됨에 따라 주기적으로 내담자에게 실행하게 한다. 대개 두 번 회기에 한 번씩 치료를 시작할 때 자기 보고형 측정 도구를 실행하도록 하는데, 이는 치료 기간 동안의 변화를 평가하고 증상이 나아지는 것을 모니터링하며 치료 기간 중 내담자에게 피드백을 주는 데 매우 큰 도움이 된다.

폭력피해로부터 생존한 내담자를 치료할 때 특히 고려할 점들

치료자는 강간이나 가중 폭행(aggravated assault), 아동기 성학대 피해생존자를 치료할 때, 이들이 타인에 의하여 고의적인 외상사건을 당했다는 점을 주의 깊게 살펴보고 있어야 한다. 이러한 내담자 는 극한의 공포를 경험하고, 세상을 불신하고 비관적인 관점을 가지고 있을 가능성이 높다. 치료자 는 내담자와 강한 협력 관계를 형성하는 것이 신뢰를 쌓는데 매우 중요하며, 이러한 강한 치료적 협 력을 바탕으로 이러한 경험을 감정프로세싱을 해나갈 수 있다. 만약 외상이 최근에 발생했다면 내담 자는 가해자를 상대로 고발하거나, 접근 금지 명령을 내리거나, 경찰의 도움을 받는 등의 법적 대응 을 하고 있을 가능성이 있다. 내담자는 대인관계 어려움을 잘 처리하고 있을 수도 있지만 스스로를 돌보기 어려울 때 가족과 같은 가까운 사람들의 도움이 필요할 수 있다. 가족과 친구들은 외상 후 반 응으로 내담자가 얼마나 취약해지는지 알기 어려운 경우가 많다. 이러한 요인들이 있을 때는 기초가 잘 마련된 상태에서 PE를 시작하는 것이 중요하다.

치료를 위한 기초 다지기

PTSD를 겪고 있는 사람들이 공포를 유발하는 상황에 직면하는 것은 매우 어려운 일이다. 보통 전 문가의 도움을 찾기에 앞서 자신이 가지고 있는 공포에 맞서려고 노력을 하다가 실패를 하거나, 성 공을 하더라도 미미한 정도이기 때문에 큰 감정적 손실을 경험하는 경우가 많다. 내담자들이 공포감 을 성공적으로 극복하는데 도움을 주기 위해 PE를 적용하려면 몇 가지 기본 요소들이 잘 마련되어야

한다: 노출치료의 근본이 되는 개념적 모델에 대한 기본 지식들이 바로 이러한 기본 요소인데, 여기에는 강력하고 협조적이면서 동시에 치료적인 협력관계, 명확하고 설득력 있는 치료의 이론적 근거, 그리고 이 치료자 매뉴얼을 따라 노출치료기법을 효율적으로 적용하는 것 등이 포함된다.

개념적 모델

PE의 이론적 기틀인 감정프로세싱 이론(Emotional Processing Theory)에 대해서는 1장에서 설명하였다. 치료를 잘 하기 위해서는 이 모델에 대해서 명확하게 이해하는 것이 매우 중요하다. 이는 치료 과정과 치료 경과를 예측하고, 치료 중에 무언가를 선정하거나, 새롭고 이례적인 문제가 발생할 때에 의사 결정하는 데 도움을 줄 것이며, 치료 경과를 살펴보거나 치료 종결 시점을 결정하는데 도움이 될 것이다.

치료적 협력 관계

대부분 치료에서 강한 치료적 협력 관계는 중요한 요소이고, PE에서는 이를 증진시키기 위해 몇 가지의 방법을 사용한다. 먼저 내담자가 자신의 공포감을 직면하고 극복하기 위해 치료를 시작하기로 결정한 용기를 인정하고 치료자로서 그들의 노력을 지지하고 격려해야 한다. 두 번째로, 내담자가 외상사건에 대해 기술할 때 치료자는 무판단적이면서 편안한 상태를 유지해야 한다. 내담자들은 치료자에게 자신의 이야기를 할 때, 또는 차분하고, 수용적이며 지지적인 경험을 할 때 안도감을 느끼는 것으로 나타났다. 세 번째로 내담자의 이야기를 경청해야 하며 치료 초반에 치료적 교육을 하고 이론적 근거를 설명할 때 내담자가 느끼고 있는 공포와 증상들 가운데에서 예시를 들도록 한다. 이 과정을 통해 내담자가 자신을 이해하는 사람이 있으며 치료자가 자신의 특별한 상황을 치료를 통해 극복해 나갈 수 있도록 할 것이라는 것을 인식하게 된다. 네 번째로 PTSD와 치료에 대해서 치료자가 가지고 있는 지식과 전문성을 피력해야 한다. PE의 치료효과와 치료자가 이를 효과적으로 적용할 수 있는 능력을 자신감 있게 표현하는 것이 좋다. 내담자가 치료회기에 참여하고, 새로운 기술을 배우며, 숙제를 통해 연습하는 것을 적극적이고 긍정적인 태도로 격려해야 한다. 다섯 번째로 진심 어린 협력적 태도를 가져야 한다. 실제상황노출 순위를 구성할 때, 상상노출을 하기 위한 외상기억의 선택 작업을 할 때, 치료에서 초점을 맞추어야 하는 부분과 치료 속도를 결정할 때, 치료자는 내담자를 잘 이끌고 조언해 주어야 하는데, 이 때 내담자의 판단과 목표를 통합적으로 수용하는 것이 중요하다. 마지막으로 모든 치료 단계에 걸쳐 충분한 지지와 격려, 그리고 긍정적인 피드백을 제공해야 한다. 좋은 PE 치료자는 내담자를 충분히 격려해줄 수 있어야 하고, 내담자가 자신이 한 노력과 성취한 결과물에 대해 자랑스럽게 여길 수 있게 도와야 한다.

치료의 이론적 근거

PE 내담자는 클리닉 밖과 치료자의 시야에서 벗어난 곳에서 대부분의 노출을 해야 하기 때문에, 이들이 치료의 이론적 근거를 잘 이해할 수 있도록 돕는 것은 PE를 성공적으로 이끄는 데 매우 중요하다. 불안을 줄이기 위한 전략으로써 회피를 택하지 않는 것은 어려운 일이기 때문에 내담자가 회기를 진행할 때와 회기 밖에서 모두 치료 계획을 따를 수 있도록 치료적 근거를 수용해야 한다. 노출치료 기저에 있는 개념적 모델의 기초를 철저하게 익히면 치료적 근거를 설득력 있게 전하는데 도움이 된다. 또한 내담자에게 PTSD의 증상인 과도한 불안을 감소시키는데 노출이 매우 효과적이라는 연구 결과와 치료자가 이 치료에 매우 해박한 지식을 가지고 있다는 것을 알려주는 것이 중요하다. 치료자는 내담자가 스스로 증상에 안주하는 것에서 점차 나갈 수 있도록 돕는 것일 뿐 결코 안전하지 않은 위험한 곳으로 가게 하는 것은 아니라는 점을 말해주는 것 역시 도움이 된다.

외상피해생존자의 치료과정에서 도전이 될 수 있는 점들

이 치료 가이드에 기술된 치료 프로그램은 치료 기간이 설정되어 있고 외상경험을 감정프로세싱하는 것에 초점을 맞추고 있다. 따라서 PE의 목표인 PTSD와 다른 외상 관련 증상들을 완화시키는 것에 집중하고 이를 잊지 않도록 노력하는 것이 중요하다. 그러나 만성적인 PTSD 내담자들은 복합적이고 다양한 문제로 인해 고통을 겪는 경우가 많다. 내담자의 일상에서 당면하는 지속적인 위기와 문제들이 있더라도 PE에 초점을 맞추는 방법에 대해서는 8장에서 다루게 될 것이다. 추가적인 도움이 필요한 내담자들의 경우 적절한 지지체계를 찾도록 돕는 것이 중요하다. 이러한 경우에는 내담자에게 PE는 전체 파이 중에 한 조각만을 치료하는 것과 같다고 강조하여 설명하도록 한다.

치료 동기 증진시키기

앞서 언급한 바대로, PTSD로 고통 받는 사람들이 회피하고 두려워했던 외상경험에 대한 기억이나 이를 떠올려 직면시키는 것은 어려운 일이다. 노출치료를 받다가 중단하는 비율은 여타의 PTSD 치료를 위한 CBT와 다르지는 않다(Hembree, Foa, Dorfan, Street, Kowalski, & Tu, 2003). PTSD 내담자의 20-30% 정도는 치료를 완결하지 못한다. 회피는 PTSD의 주요 증상이며, 내담자는 치료를 받는 동안 이를 회피하고 싶은 충동을 자주 경험한다.

치료를 처음 시작할 때 이 문제를 다루는 것이 좋은데, 내담자의 회피 문제가 치료에 방해가 되는 경우에는 치료를 진행하면서 그 문제를 계속해서 다루는 것이 도움이 될 수 있다. 내담자가 치료에 대해서 회의적이거나 확신을 가지지 못할 때는, 내담자가 변화되기 위한 치료동기를 논의하는 것에 처음 2-3 회기를 PE에 앞서 진행하는 것이 효율적이다.

(1) 외상으로 인해서 발생한 손실이나 불편감을 느끼는 부분을 확인하고, (2) 치료 또는 PTSD 증상 및 그와 관련된 손실이 줄어들게 됨에 따라 얻을 수 있는 잠재적 이익이나 긍정적 변화를 살펴보며, (3) 성공적인 치료에 걸림돌이 무엇인지 파악한 후 해결하고 (예, 치료회기에 참여하기 어려움, 숙제를 할 수 있는 시간을 내기 어려움, 녹음음원을 듣기 위한 플레이어가 없거나, 이를 듣기 위해 사생활을 보호받을 수 있는 곳을 찾기 어려운 문제 등), (4) 필요하다면 내담자의 치료 동기가 높아지도록 도와야 한다.

외상이 최근에 일어나서 내담자가 외상 전과 후의 삶을 모두 기억할 수 있다면, 그 차이를 평가해

보는 것 역시 유익하다. "PTSD가 삶에 어떤 영향을 미치고 있나요? 이전에 즐겨했지만 더 이상 즐기기 어렵거나 엄청난 불안감 때문에 하기 어려운 것들이 있나요?" 와 같은 질문을 던질 수 있다. 아래의 질문을 통해서 내담자가 어떠한 변화를 원하는지, PE를 통해서 되찾고자 하는 삶이 무엇인지 알게 될 것이다.

이외의 유용한 질문들:

• "주변에 있는 친구나 사람들은 아무 문제없이 할 수 있는 것을 당신만 할 수 없는 것이 있나요?"

• "당신의 삶 중에 어떤 부분을 바꾸고 싶나요? 치료 종결 시점이나 지금부터 6개월쯤 뒤에 하고 싶은 것이 무엇인가요?"

• "이전에 이 문제 해결을 위해 도움을 받아보려고 했던 적이 있나요? 어떠한 도움을 받으려고 했었나요? 도움이 되었나요? 도움이 되지 않았다면 이유가 무엇일까요? 어떠한 부분이 어려웠나요? 만약 치료를 완결하지 못했다면, 치료 중단을 결정하는데 주된 원인은 무엇이었나요?"

• "PE 치료를 하고 있는 내담자 중 어떤 경우에는 치료 전보다 정서적 고통을 더 많이 느끼거나, 낮아지고 있던 증상이 다시금 높아지는 경우들이 있습니다. 만약 당신이 이러한 상황에 놓인다면 어떨 것 같나요? 일시적으로 안 좋아진 상황을 잘 견딜 수 있도록 하기 위해서 제가 어떻게 도울 수 있을까요?"

• "앞서 이야기했던 것처럼, PE를 성공적으로 마치려면 시간과 노력이 필요하고, 이 가운데 숙제는 매우 중요한 부분입니다. 숙제를 잘하는 것에 방해가 되는 요인이 있을까요?"

- "때로는 외상사건을 겪은 사람들이 더 좋은 방향으로 삶이 변화하는 면들도 있습니다. 이런 경험을 하고 있나요? 그렇다면 이 외상경험에서 얻은 것에 대해 어떻게 느끼고 있나요?"

- "PE가 많은 경우에 사람들의 삶을 원래대로 돌려놓는데 도움을 주고 있지만, 그 과정은 상당히 고통스럽고 많은 시간과 노력을 기울여야 하기에 힘겨울 수 있습니다. 치료를 받기 위해서 하는 노력이 충분히 가치가 있을지 생각해 봅시다. 만약 이 문제를 해결하지 않으면 당신의 삶에 어떤 일들이 일어나게 될까요?"

외상 치료자를 위한 도움말: 치료자는 어떻게 스스로를 돌보는 것이 좋을까?

우리는 훈련자나 슈퍼바이저로서의 경험을 통해 극심한 고통을 받고 있는 PTSD 내담자들과 함께 PE를 진행하는 것은 숙련된 치료자의 경우에도 쉽지만은 않다는 것을 발견하게 된다. 내담자의 고통스럽고 두려운 경험을 듣게 되면 어떤 치료자라도 외상사건에 대한 감정프로세스를 돕는 것이 정서적으로 어렵고 도전이 되는 일이라고 말하게 된다. PE를 진행하기 위해서 치료자는 내담자가 고통을 경험하는 것 대해 잘 참아낼 수 있는 능력을 계발하고 증가시켜야 한다. PE 치료절차는 내담자에게 강렬한 감정반응을 촉발한다; 실제로 이것이 치료의 목적이기도 하다. 내담자가 이러한 반응을 할 때 어떻게 대처할 수 있을까? 생생하고 고통스러운 경험을 들을 때 치료자 자신의 반응을 어떻게 처리할 수 있을까?

첫째로 치료자는 모델에서 배운 내용을 따르도록 한다. 치료자는 내담자가 고통스러운 기억으로 인하여 강렬한 불안과 감정적 몰입이 발생하지만 원래의 외상처럼 자신을 다치게 하지는 않는다는 점과 불안감이 평생 지속되지 않는다는 점을 배우도록 하는 동시에, 치료자 역시 이 사실을 신뢰해야 한다. 내담자의 고통에 대한 치료자의 감내 능력을 증진시키기 위해서는 치료자가 치료의 이론적 근거를 수용하고, 특히 기억 자체가 내담자를 고통스럽게 하는 것은 아니라는 점을 수용해야만 한다. 치료자 역시 내담자와 치료를 진행하면서 외상기억에 습관화되는 것과 마찬가지로 같은 경험을 하는 것이 일반적이다.

 그럼에도 불구하고 PE를 진행하는 것은 치료자에게도 감정적으로 도전이 됨과 동시에 매우 어려운 결정이다. 외상 치료자의 마음 속에는 다음과 같은 질문들로 가득차게 될 것이다: "내담자가 힘들어하는데 지금 상상노출을 중단해야 할까? 내담자가 더 우울해지면 어떻게 해야 할까? 내담자가 클리닉에 있지 않을 때 계속 이렇게 힘들게 느끼면 어떻게 할까? 내담자가 회피하고 있는 상황이 실제로 안전한 것이 맞을까?" 이러한 결정을 할 때 치료 모델을 따르면 의사 결정에 도움을 받을 수 있을 뿐 아니라, 연구 결과를 기반으로 한 좋은 결정을 내릴 수 있다. 감정프로세싱이 고통스럽더라도 대부분의 내담자는 상당히 많은 효과를 얻는다는 점을 늘 염두에 두어야 한다. 치료자 자신 또한 내담자들에게 하듯이 가능한 자주 스스로 이를 되새겨야 한다.

 또한 의사 결정을 할 때에는 내담자의 통제감을 증진시키는 것을 목표로 가이드 해나가야 한다. 치료자는 조언을 하고 돕는 역할을 하는 것일 뿐, 결코 노출치료에 기꺼이 동의하지 않은 내담자를 강요하거나 압박하려고 해서는 안 된다. 치료자는 때때로 어려운 결정을 해야 하는데, 바로 내담자가 외상 관련 두려움과 회피 증상에 직면할 준비가 되지 않아서 치료를 중지해야 할지, 계속해서 치료에 참여하도록 격려해야 할지를 결정해야 하는 것이다. 만약 내담자가 외상-중심 치료를 받을 준비가 되어 있지 않다면 섣불리 치료를 하다가 나아지지 않아 실패하고 결국 PE가 증상을 낮추지 못했거나 낮출 수 없다는 믿음을 가지고 중지하거나 어떤 방식으로든 치료에 실패하는 경험을 하는 것보다는 나중에 할 수 있게 돕는 것이 나을 수 있다. 우리는 이런 경우 내담자에게 PE가 대부분 사람들에게 매우 효과적인데 지금은 치료를 중단하지만 치료를 하기 위해 필요한 것이 무엇인지 알고 있으니 준비가 되었을 때 다시 시작하는 것이 좋겠다고 권한다.

 숙련된 전문가에게 슈퍼비전을 받거나 동료에게 자문을 구하는 것도 유익하며 이렇게 함으로써 치료의 기술적인 부분에 대한 지원과 함께 정서적 지지를 받을 수 있다. 슈퍼비전그룹이나 팀을 구성하여 정기적으로 외상 치료 케이스에 대해서 토론하는 것도 이상적이다. 또한 정기적인 자문을 통해 앞서 언급한 복잡하고 도전이 되는 케이스를 어떻게 진행하는 것이 좋은지 결정해 나가는 것도 좋다.

첫 번째 도약
준비하기
: 회기 1

※ 이 장은 내담자 워크북의 3장에 해당함

제 3 장
첫 번째 도약 준비하기 : 회기 1

준비 자료

- 치료의 이론적 근거
- 외상 인터뷰
- 호흡재훈련 기술

회기 개요

- 프로그램의 개관 설명하기(25-30분).
- 이 프로그램에서 사용하게 될 치료기법에 대해 논의하기.
- 프로그램의 초점은 PTSD 증상에 있다는 점을 설명하기.
- 외상 인터뷰를 사용하여 외상과 관련된 정보를 수집하기(45분).
- 호흡재훈련에 대해 소개하기(10-15분).
- 숙제를 내주기(5분).

프로그램 개요 설명 (25-30분)

첫 번째 PE 회기를 시작할 때 치료자는 PE 치료의 전반적인 이론을 내담자에게 보여주면서, PE 치료의 두 가지 주요 기법을 설명하게 될 것이다: 그것은 상상노출과 실제상황노출 기법이다. 이론적인 배경을 설명하는 것이 강의식으로 되기는 하지만 가능한 내담자에게 질문을 하거나 내담자가 자신의 경험이나 생각을 나눌 수 있도록 하면서 상호적인 논의가 될 수 있도록 한다. 내담자가 질문하게 함으로서, 이론을 잘 이해하고 있는지 확인하도록 한다.

어떤 내담자들은 이미 공포에 직면하는 것을 시도했으나 실패하였다고 말한다. 또는 직면했지만 불안이 감소되지 않는다고 말하기도 한다. 또 어떤 내담자들은 회피하는 것을 중단하고 외상기억을 떠올려 기술하는 것을 할 정도로 건강하게 변한 모습을 상상하기 어려워한다. 치료의 효능에 대해 확신을 갖지 못한 내담자와 치료를 통해 얻게 될 자신의 능력에 대해 확신이 없는 내담자들을 위해서 치료자는 이 치료적 접근을 내담자가 이해할 수 있도록 도우며 이 치료가 내담자들이 과거에 접근했던 것과 다른 점에 대해서 이해할 수 있도록 도와야 한다.

다음에 있는 치료 프로그램을 소개하는 대화를 활용하여 내담자에게 치료 프로그램을 소개해보도록 하라.

오늘은 우리가 함께 하는 첫 번째 회기입니다. 저는 오늘의 회기는 서로를 알아가기 위해서, 그리고 당신의 과거 경험과 감정에 대해서 몇 가지 질문을 하는 시간으로 사용하고자 합니다. 그전에 먼저 치료목표를 설명하고 치료를 함께할 때에 배우게 될 기술에 대해서도 이야기하게 될 것입니다.

치료 프로그램은 한 회기가 90분으로 보통 10-12회기이며, 경우에 따라 총 15회기까지 갈 수 있다는 점을 설명하도록 한다.

다음의 스크립트(script)를 활용하여 프로그램 소개를 이어가도록 한다.

우리는 한 주에 한 번 내지 두 번 만나게 될 것입니다. 따라서 전체 치료는 약 2개월 또는 3개월 안에 종결하게 됩니다. 우리는 이 프로그램에서 당신이 경험했던 공포감과 대처하기 어려운 문제에 대해 초점을 맞추게 될 것이며, 이 두 가지는 모두 당신의 외상경험(들)과 직접적으로 연관된 것입니다. 많은 경우 외상 반응은 시간이 지남에 따라 점차 감소하기도 하지만, 외상경험자들은 이러한 증상들 중 일부가 지속되며 심각한 고통을 지속적으로 유발시키게 합니다. 무엇이 외상 후 발생하는 문제를 지속시키는지를 이해하는 것은 회복에 도움이 될 것입니다.

가장 주요한 요인은 **회피**입니다. 사람들은 두 가지의 방식으로 외상을 상기시키는 것을 회피합니다. 첫 번째 방법은 외상에 대한 기억, 사고, 감정을 밀쳐내려고 하는 것입니다. 두 번째 방법은 외상과 유사하거나 외상을 떠올리게 하는 상황, 장소, 사람, 또는 물체를 회피하거나 탈출하려고 하는 것입니다. 그러나 외상과 연관된 생각과 상황을 피하는 것은 단기적으로는 효과가 있을 수 있지만, 오히려 실제로는 외상 후의 반응을 오랫동안 지속시키고 외상과 관련된 문제들을 극복하는 것을 막게 됩니다. 외상사건 이후에 무엇을 피해왔는지 생각해 보십시오.

외상과 외상을 떠올리게 하는 상황을 회피하는 것은 PTSD를 계속 유지시킵니다. 따라서 앞으로 받게 될 치료는 당신이 회피하지 않도록 돕고, 외상과 관련된 생각과 상황을 직면할 수 있도록 하는 것을 목표로 합니다. PE 치료에서는 두 가지 직면 혹은 노출의 유형이 있습니다. 첫 번째 노출은 **상상노출**이라고 부릅니다. 상상노출은 외상적인 경험을 상상 속에서 다시 떠올리게 하고, 떠올린 내용을 소리 내어 말하는 것입니다. 상상노출은 회기 동안 기억을 반복적으로 직면함으로써 외상기억을 프로세싱 할 수 있는 능력을 키우는 것을 목표로 합니다. 우리는 외상기억에 대한 반복적이고 지속적인(45분정도) 상상노출이 외상 관련된 증상을 감소시키는 것에 매우 효과적이며, 또한 외상사건 발생 당시와 전, 후에 무슨 일이 있었는지에 대해 새로운 관점과 의미를 갖도록 돕는다는 것을 발견하였습니다.

두 번째 유형의 노출은 **실제상황노출**이라고 부릅니다. 실제상황노출은 "실제 생활에서" 당신이 피하는 것에 노출하는 것을 의미합니다. 실제상황노출은 그동안 직접적으로나 간접적으로 외상이 떠오르기 때문에 피해왔던 상황에 점차적으로 접근할 수 있도록 할 것입니다 (예, 운전하기, 안전한 장소에서 혼자 걸어보기, 불을 피울 수 있는 장소에서 난로에 불을 피워보기). 실제상황노출은 외상 후에 느끼는 과도한 공포와 회피를 줄이는데 매우 효과적입니다. 예를 들어, 만약 객관적으로 안전하지만 외상과 관련 있는 특정 상황을 회피한다면, 당신은 그 상황에 대한 두려움을 극복할 기회를 놓치게 될 것입니다. 그 이유는 당신이 그 상황을 직면하기 전까지는 그 상황이 계속 위험하고, 스스로 처리할 수 없다고 믿게 될 것이며, 상황에 대한 불안감만 막연하게 지속될 것이기 때문입니다. 그러나 점진적이고 체계적으로 그 상황을 직면해 나간다면, 실제로는 위험하지 않으며, 스스로 그 상황과 불안들을 다룰 수 있다는 것을 알게 되고, 반복적이고 지속적인 직면을 통해 불안이 점점 낮아질 수 있다는 것 또한 알게 될 것입니다. 이제 노출치료의 개념이 충분히 이해가 되시나요?

외상 후 반응이 사라지지 않고 유지되는 두 번째 요인은 **도움이 되지 않고 괴롭히는 사고와 신념**의 존재입니다. 이러한 괴롭히는 신념은 세상에 관한 일반적인 것과 타인, 당신 자신, 외상에 대한 당신의 반응에 관한 것입니다. 외상의 결과로 많은 사람들은 세상은 매우 위험하다는 신념을 갖게 됩니다. 그래서 객관적으로 안전한 상황조차 위험하게 보게 됩니다. 또한 많은 사람들이 외상을 경험한 직후에는 무능력함을 느끼게 되고 일상적인 스트레스조차 대처할 수 없다고 생각하게 됩니다. 외상경험자들은 외상에 대해 스스로를 비난하고 외상이 발생한 이후 대처를 잘하지 못했다는 이유로 우울해지기도 합니다. 외상경험자들은 세상이 일반적으로 안전한 곳이라는 것과 스스로가 유능하다는 것을 깨닫기 위해 일상적인 활동에 지속적으로 참여하고 외상을 떠올리게 하는 것들을 회피하지 않는 것이 좋습니다. 그러나 외상을 떠올리는 것을 회피하는 사람의 경우에는 *PTSD* 증상이 악화되고 세상은 계속 위험한 곳이며 스스로를 매우 무능한 사람으로 느끼게 하고 대처할 수 없다는 생각을 계속 믿게 합니다. 스스로에 대해 이런 느낌이 드십니까?

세상과 당신 자신에 대해 과도하게 부정적이고 비현실적인 사고와 신념을 갖고 있는 것이 어떻게 외상 반응을 유지시키는 것일까요? 만약 당신이 세상이 위험하다고 믿는다면 당신은 안전한 상황조차도 피하게 될 것입니다. 이와 비슷하게, 만일 외상사건이 발생한 것이 스스로의 잘못이라고 믿는다면 당신은 스스로를 비난할 것이고 무능감을 느끼게 될 것이며 이러한 믿음은 일상생활에 적응하는 능력을 방해하게 됩니다. 심지어 만일 플래시백을 경험하게 될 때, 그것이 통제감을 상실했다는 신호로 이해한다면, 그 기억을 어떻게든 마음속에서 밀어내려고 할 것입니다. 하지만 그 기억들은 밀어내려고 하면 할 수록 점점 더 당신의 의식으로 밀려들어오게 될 것이며, 그렇게 되면 실제로 갖게 되는 통제력은 점점 더 줄어들게 되는 것입니다.

이러한 혼란스러운 사고와 신념들은 상상노출과 실제상황노출이 반복되는 과정에서 촉발될 수 있습니다. 그러나 외상사건에 대해 다시 떠올리고 말하는 것을 통해서 당신에게 어떤 일이 일어났으며 그것이 지금 어떤 의미인지에 관한 새롭고 현실적인 관점을 배울 수 있는 기회를 갖게 될 것입니다. 우리는 이제 이 외상 상황을 이해해보려고 합니다. 그리고 외상에 대해 생각하는 유용한 방법을 알려 줄 것입니다.

우리는 다음 몇 주 동안 매우 힘든 작업을 함께 하게 될 것입니다. 그리고 이 작업은 당신이 삶을 잘 꾸려나갈 수 있도록 도울 것입니다. 이 과정은 집중적으로 진행되며 이 과정에서 외상경험을 떠올리게 하는 것들을 직면할 때 불편감이 느껴질 수 있습니다. 만약에 여러분이 이 불편감에 대해서 나누고 싶으시다면 회기 사이에 저와 대화할 수 있다는 사실을 기억하십시오. 제가 방금 설명드렸던 치료 프로그램이나 내용에 대해 질문이 있으신가요?

이번 회기의 나머지 시간에는 외상 이전의 경험과 외상에 대한 반응에 대하여 이야기해 보도록 하겠습니다. 이 과정을 하기 위해서 저는 표준화된 인터뷰를 사용하여 질문을 할 것입니다. 회기의 끝부분에서는 차분하게 호흡하는 것을 도와주는 호흡재훈련 기술을 배우게 될 것입니다.

외상에 대한 기본적인 정보 수집 (45분)

부록 A에 있는 외상 인터뷰를 내담자가 현재 호소하는 문제와 내담자의 기능하는 정도, 외상경험, 외상 이후의 신체적, 정신적 건강, 사회적 지지망, 술과 약물의 사용 등에 대한 일반적인 정보를 얻기 위해서 사용하도록 한다. 외상 인터뷰는 여러 종류의 외상사건을 경험한 적이 있는 내담자를 위해 "주요 목표외상사건(target trauma)"이나 치료의 초점이 되어야 하는 것들을 확인할 수 있도록 구조화되어 있다.

특정한 주제에 대해 구체적이고 직접적인 질문을 하게 되면 내담자는 감정적 반응을 보일 수 있다. 하지만 만약 특정한 주제가 불편감을 가져 온다면 더 오랫동안 이 문제에 집중할 것인지 아니면 다음 번까지 질문하는 것을 미룰 것인지에 대해 판단해야 한다. 치료자가 이 결정을 할 때에는 내담자의 필요나 바람을 고려하는 것이 중요하다. 외상 부분에 이르렀을 때는 내담자가 어떤 일이 있었는지에 대해 간단히 정리하여 말하게 하고 치료 중에 더 자세하게 외상경험에 대해 말하게 될 것이라는 것을 상기시켜 주도록 한다.

외상 인터뷰를 진행하시오.

호흡재훈련 (10-15분)

내담자가 집에서 연습할 수 있는 도구를 주기 위해 첫 번째 회기의 끝부분에서는 호흡재훈련법을 소개하도록 한다. 이 기술의 이론적 근거는 다음과 같다:

놀라거나 당황하였을 때, 사람들은 더 많은 공기가 필요하다고 느끼게 되어 빠르게 호흡하거나 과호흡을 하게 됩니다. 그러나 과호흡은 진정하는 효과가 있지 않으며 사실 과호흡은 불

안감을 만들어냅니다. 실제적인 위험에 대해 맞서거나 거기서 도망치려고 할 때가 아니라면 이미 마시고 있는 공기보다 더 많이 필요하지는 않습니다. 우리가 과호흡을 해서 더 많은 공기를 마시게 되면 우리의 몸은 이것을 싸우거나 도망칠 준비를 하라는 신호로 생각하게 되고 산소와 함께 연료로 사용될 것을 저장하게 됩니다. 이는 달리기 주자가 경기 전 몸에 연료로 산소를 공급하기 위해 깊은 숨을 들이쉬고 경기 중에는 깊고 빠른 숨을 유지하는 원리와 비슷합니다. 과호흡은 또한 두려움과 유사한 신체 반응을 만듭니다. 결국 이런 신체 반응은 우리를 더욱 두렵게 만듭니다. 우리에게 진짜 필요한 것은 호흡을 천천히 하고 적은 공기를 들이마시는 것입니다. 따라서 차분하고 천천히 호흡하는 방법을 배우는 것은 스트레스나 긴장을 감소시키고 싶을 때 사용할 수 있는 유용한 방법입니다.

우리 중 대부분은 호흡하는 것이 우리가 느끼는 방식에도 영향을 준다는 것을 알고 있습니다. 예를 들어, 우리가 흥분했을 때 사람들은 심호흡을 하고 진정하라고 말을 합니다. 그러나 실제로 도움이 되는 것은 깊이 호흡하는 것이 아니라 천천히 호흡을 하는 것입니다. 마음을 진정하거나 편안하게 하기 위해서는 보통의 호흡을 하고 천천히 숨을 내쉬는 것이 좋습니다. 편안함과 연관된 것은 들숨이 아니라 날숨입니다. 따라서 숨을 내쉬는 동안 스스로에게 조용하고 매우 느린 속도로 "calm"이나 "relax"라는 단어를 말해보도록 하세요. 이렇게 하면 됩니다. c-a-a-a-a-a-l-m.

이완을 위한 단서(cue) 단어를 제안할 때 내담자에게 혹시 선호하는 특정단어가 있는지 여부를 물어보도록 한다. 대부분의 사람들은 calm 혹은 relax가 도움이 된다고 말한다. 코를 통해 천천히 숨을 들이쉬고 내쉬는 방법을 내담자에게 시연하고 다음 지시에 따라 연습을 하도록 요청하도록 한다:

스스로 "calm"이라고 말하는 동안 느리게 내쉬는 숨에 집중하면서 호흡을 천천히 하기 위해 한 가지를 더 해보았으면 합니다. 내쉬는 숨이 끝나고 나서 폐에 아무런 공기가 남아있지 않을 때, 다음 호흡하기 전까지 3초 내지 4초가량 잠깐 멈추도록 하겠습니다. 그러니까 "숨을 들이 쉽니다(보통 숨 쉬는 것처럼 하십시오)... 내쉽니다(매우 천천히) ...Caaaaaaaalllllmmmmm...잠시 숨을 멈춥니다. 1...2...3...4... 다시 숨을 들이쉽니다(보통 호흡)... 내쉽니다."

내담자가 호흡 패턴을 익숙하게 할 수 있도록 하기 위해 호흡을 몇 차례 반복을 하고 나서 이 호흡훈련을 할 수 있도록 안내하는 3분간의 녹음음원을 치료자가 만드는 동안 전체 호흡 과정을 10-15회 반복하도록 지시한다: "숨을 들이쉽니다 ... 내쉽니다... Caaaaaallllmmm ... 잠시 숨을 멈춥니다 1...2...3...4...들이쉬고... 내쉬고... Caaaaaallllmmm" 등. 그리고 내담자가 숨을 천천히 내쉬는 동안, 치료자는 "calm"이라는 단어를 아주 천천히 4초정도를 끌면서 말하도록 한다. 내담자는 치료자의 목소리가 녹음된 3분간의 느린 속도로 호흡을 할 수 있는 녹음음원을 집으로 가져가게 된다. 이 때 내담자에게 워크북에 있는 호흡재훈련 정보를 다시 읽어볼 수 있도록 안내하도록 한다.

숙제 (5분)

- 내담자가 하루에 10분간 3회 호흡재훈련을 할 수 있도록 안내한다. 그리고 특히 하루 중 긴장될 때나 고통스러울 때, 잠자기 전 저녁시간에 편안하게 쉴 때 이 호흡기술을 사용할 수 있다는 것을 설명한다.
- 내담자에게 회기가 녹음된 자료를 반드시 한 번 듣도록 지시한다.
- 워크북에 있는 치료의 이론적 원리를 읽도록 안내한다.
- 다음 회기에는 조금 일찍 도착해서 자기 보고형 기록지를 작성해야 한다는 점을 알려준다.

제 4 장

두 번째 도약
외상과 실제상황노출의 지식 습득하기
: 회기 2

※ 이 장은 내담자 워크북의 4장에 해당함

제 4 장
두 번째 도약 외상과 실제상황노출의 지식 습득하기 : 회기 2

준비 자료

- PTSD와 우울증을 측정하는 자기 보고식 척도[3]
- 실제상황노출 순위표
- 실제상황노출 숙제 기록지
- 회기를 기록할 녹음기

회기 개요

- 숙제를 점검하기(5-10분).
- 회기의 주제를 소개하기(3분).
- 외상에 대한 일반적인 반응에 대한 논의를 통해 PTSD 증상들을 교육하기(25-30분).
- 노출의 원리와 실제상황노출의 중요성을 논의하기(10분).
- 주관적 불편감(SUDS)을 소개하기(5분).

---

[3] 2장에서 논의한 바대로 치료자는 모든 PE 치료회기(특히 회기 2, 4, 6, 8)의 초반부에 내담자가 자기 보고형 측정도구를 작성하게 하여 PTSD 증상과 우울 증상을 정기적으로 모니터링 하도록 한다. 우리는 PTSD 증상 측정을 위해서는 Posttraumatic Stress Diagnostic Scale (PDS)을, 우울증 측정을 위해서는 Beck Depression Inventory (BDI)를 사용한다. 이러한 측정을 통하여 내담자가 치료과정에서 어떻게 변하는지 알 수 있고 치료 기간동안의 경과를 모니터링하고 내담자에게 피드백을 주는데 매우 도움이 된다.

- 실제상황노출 순위를 설정하기(20분).
- 숙제로 할 실제상황을 선택하기(5분).
- 숙제를 내주기(10분).

개요

이번 회기부터 내담자는 실제상황노출을 시작하게 된다. 대부분의 내담자들의 경우 실제상황노출은 치료회기 중에는 쉽게 할 수 없기 때문에 회기와 다음 회기 사이의 숙제로서 주어지게 된다. 그러나 때로는 실제상황노출이 치료회기 중에 이루어져야 하는 것들도 있다. 예를 들어 인사하기, 눈맞춤하기(클리닉 내 혹은 부근에 있는 사람), 눈을 감은 채 다른 사람의 등에 기대기, 낯선 사람들과 대기실에 앉아있기, 혼자 식당에서 밥먹기 혹은 다른 사람들을 등지고 앉아있기 등과 같은 상황이다. 처음 내담자가 이러한 상황에 노출을 할 때에 필요하다면 이 회기의 후반부에 치료자의 도움을 받으면서 시도할 수 있게 한다. 그리고 나서 내담자가 노출숙제를 계속해서 연습하도록 한다. 각 회기 마지막 10-15분 동안에는 실제상황노출에 대한 계획을 세우는데 집중하도록 한다.

숙제 점검 (5-10분)

회기를 시작하면서 지난 일주일 동안 내담자가 어떻게 지냈는지와 첫 회기에 대한 소감을 물어보도록 한다. 만약 내담자가 회기를 시작하기 전에 주어진 PDS와 BDI의 작성을 마쳤다면 내담자의 증상들을 빠르게 살펴볼 수 있다. 이러한 자기 보고식 척도들은 치료가 진행되면서 내담자가 경험한 우울증과 PTSD 증상들이 어떻게 변화하는지를 내담자에게 알려줄 수 있다. 내담자가 지난 한 주 동안 얼마나 자주 호흡법 훈련을 사용하였는지와 그 기법이 얼마나 효과적이었는지를 물어보고, 회기 녹음을 듣고 난 후의 반응에 대해 논의하고, 치료 원리에 대해 질문이 있는지를 물어본다. 숙제 점검과 내담자가 어떻게 지냈는지에 대한 부분은 모두 합쳐서 약 10분 정도를 할애하도록 한다.

회기에서 다룰 주요 주제 제시 (3분)

내담자에게 이번 회기에서는 외상 후에 겪는 일반적인 증상반응에 대해 논의할 것이라고 회기의 주제에 대하여 알려준다. 실제상황노출의 원리를 복습하고, 지금까지 내담자를 힘들게 하고 회피하게 한 상황에 대한 목록을 설정할 것임을 알려주도록 한다.

외상에 대한 일반적인 증상반응에 관한 논의 (25-30분)

치료자를 위한 정보

이 부분에서는 내담자에게 외상에 대한 일반적인 증상반응에 대해 교육하도록 한다. 이 때 치료자는 내담자와 상호교류적 대화를 통해 강의형태가 아니라 외상에 대한 내담자의 감정, 사고, 그리고 행동에 대해 논의하도록 한다.

외상에 대한 일반적인 증상반응들에 관해 논의 할 때 몇 가지 목표를 염두에 두도록 한다.

- PTSD 증상에 대한 교육과 함께 내담자의 개인적인 경험과 이와 관련된 문제들을 이끌어 낸다.
- 외상과 PTSD의 맥락에서 내담자의 경험을 수인해주고, 이러한 반응이 정상적인 것임을 알려 준다. 자신이 경험하는 외상과 관련된 행동과 반응들을 이해하게 되면 많은 도움을 얻게 된다.
- 희망을 준다 : 내담자가 경험하는 고통스러운 증상들이 PTSD와 직접적으로 연계되고, 이는 치료를 통해서 완화될 수 있다는 것을 자각하도록 돕는다.

후반부에는 외상에 대한 일반적인 증상반응을 언급하는 상호교류적인 접근법에 대한 사례가 제시되어 있다. 회기를 시작하기 전에 사례를 미리 읽어 보고 대화 스타일을 숙지하도록 한다.

내담자의 PTSD 증상에 대한 논의를 진행하도록 한다:

1. 이 매뉴얼에 제시되어 있는 설명(혹은 워크북의 외상에 대한 일반적인 반응증상)을 참고하여 DSM-IV-TR에 제시된 PTSD의 재경험, 회피, 정서적 둔마와 과각성 증상에 대해 상세하게 논의한다.
2. 죄책감과 수치감, 낮은 자존감, 통제력 상실, 성적행동에 대한 흥미 감소, 외상 이후에 과거의 외상기억 재활성화와 같은 이차적 증상들에 대하여 논의한다.
3. 외상사건과 고통스러운 감정, 신체적 반응, 침투적 생각, 그리고 회피적인 반응의 연관성에 대하여 설명한다.

중요한 점 : 외상이 오래전에 발생한 내담자들의 경우에는(예를 들어, 아동기의 성적, 신체적 학대를 경험한 성인 생존자 혹은 오래전에 참전했던 군인) 외상 이전의 삶에 대한 지각이 없을 수 있다. 그들은 외상을 연상시키는 모든 것들을 회피해왔기 때문에 특정한 것들을 자각하기 어려워할 수 있다. 이들은 이러한 회피 행동이 불편한 것으로부터 자신을 보호해주는 하나의 습관이나 삶의 패턴 혹은 일종의 선호 정도로 여길 수 있다. 어떤 내담자들은 "이건 내가 항상 해오던 방식이에요"라고 말하기도 한다. 이러한 경우에 치료자는 내담자의 특별한 상황, 외상이 발생한 후 시간 경과, 그리고 내담자의 지각에 맞추어 이러한 논의를 조정할 필요가 있다.

내담자에게 설명하기
외상경험에 대한 일반적인 증상반응에 대한 논의를 시작하기 전에 다음의 지침을 활용할 수 있다. 탐색적인 질문을 통해서 내담자가 겪는 구체적인 반응에 관한 논의를 촉발시킬 수 있도록 한다.

외상은 일종의 정서적인 충격이라고 할 수 있습니다. 이 사건이(구체적인 사건을 명명할 것) 당신에게 큰 영향을 끼쳤다는 것을 알고 있습니다. 오늘은 극심한 외상을 겪은 사람들의 일반적인 반응증상에 대해서 이야기하려고 합니다. 사람들이 저마다의 독특한 방식으로 외상에 대해 반응하지만, 대개의 경우 일반적으로 겪는 반응증상을 경험하고 있으며, 당신도 비슷한 경험을 하고 있다는 것을 알게 될 것입니다.

다음의 스크립트를 사용하여 논의를 계속해서 진행하도록 한다.

　　1. 외상 후에 사람들이 경험하는 주요 반응증상은 공포와 불안입니다. 두렵거나, 긴장되거나, 혹은 불안한 기분을 느끼시나요?

내담자가 응답하도록 격려한다.

　　때때로 외상을 상기할 때 혹은 갑자기 불안한 감정을 느낄 수도 있을 것입니다. 언제 특히 더 심한 공포를 경험하나요?

내담자가 응답하도록 격려한다.

　　당신이 경험하는 불안과 공포라는 감정은 위험하거나 당신을 해하려고 하는 상황에 대한 반응이라고 볼 수 있습니다. 외상경험으로 인해 세상을 바라보는 시각과 안전에 대한 관점이 바뀌었기 때문에 신체나 감정, 그리고 사고에 변화가 생긴 것을 경험할 수 있습니다.

　　특정한 촉발요인들과 단서들이 외상을 마음 속에서 떠오르게 하고 공포를 활성화시킵니다. 이러한 촉발요인들은 하루 중 특정한 시간, 특정한 장소, 특별한 활동, 낯선 사람이 다가오는 것, 특정한 냄새나 소음일 수 있습니다. 외상을 떠오르게 하는 특정한 촉발요인들을

알고 있습니까?

내담자가 이와 관련된 자신의 경험을 공유할 수 있도록 격려한다.

일반적으로 외상 후에 공포와 불안은 두 개의 방식으로 경험하게 됩니다: (a) 외상에 대한 기억을 지속적으로 재경험하는 것; (b) 각성되고, 쉽게 놀라고 흥분하는 것. 당신은 어떠한가요?

내담자가 이와 관련된 자신의 경험을 공유할 수 있도록 격려한다.

2. 외상을 경험한 사람들은 외상을 재경험하곤 합니다. 당신은 외상사건에 대한 시각적인 기억이 갑자기 머릿속에서 떠오를 때 플래시백을 경험한다는 것을 알아차렸을 것입니다. 플래시백을 경험하신 적이 있나요? 그 경험은 어떠셨나요?

내담자가 이와 관련된 자신의 경험을 공유할 수 있도록 격려한다.

가끔 플래시백이 너무나 선명하여 실제로 외상이 다시 발생하는 것처럼 느껴질 때가 있을 수 있습니다. 이러한 경험들은 침투적이어서 매일같이 느끼고, 생각하고, 경험하는 것을 통제할 수 없다는 느낌을 갖도록 합니다.

가끔씩 이러한 플래시백들은 외적인 사건에 의해서 촉발되거나 종종 아무런 이유없이 발생하기도 합니다.

때로는 악몽을 통해서 외상을 재경험하기도 합니다. 혹시 악몽을 꾼 적이 있나요?

내담자가 이와 관련된 자신의 경험을 공유할 수 있도록 격려한다.

악몽에서 갑자기 깨어나게 될 때 몸에 어떠한 변화가 일어난 적이 있나요?

플래시백이나 악몽을 경험하지는 않지만 정서적으로 혹은 인지적으로 외상을 재경험할 수도 있습니다. 왜 그러한 일이 일어났는지에 대한 고통스러운 생각이나 감정을 가진 적이 있나요?

3. 집중하는 것에 어려움이 있을 수 있습니다. 이것은 외상 이후 나타나는 또 하나의 일반적인 경험입니다.

글을 읽거나, 대화를 이어가거나 다른 사람이 말한 무언가를 기억하는 것에 어려움이 있나요? 이러한 경험을 할 때 어떤가요?

집중하고 기억하고 주변의 것들에 주의를 집중하는 것이 어려워지게 되면 이는 매우 괴로운 일입니다. 이 경험은 마음을 통제하지 못한다는 느낌이나 미쳐가는 것 같은 느낌으로도 이어질 수 있습니다. 집중하는 것의 어려움은 때때로 침투적이고 고통스러운 느낌과 외상에 대한 기억 때문일 수 있습니다. 이것은 외상과 전혀 관계되지 않는 것으로 보이지만 이것은 PTSD의 한 부분인 과각성의 증상 중의 일부입니다.

4. 외상에 대한 또 다른 일반적인 증상반응은 각성, 불안, 초조한 느낌, 지나치게 기민한 느낌, 떨림, 쉽게 놀람, 수면 문제입니다. 때때로 하루 종일 신경이 날카롭고 조마조마하게 느끼는 것, 특히 충분한 수면을 취하지 못하였다면 이는 과도하게 흥분된 상태로 이어질 수 있습니다.

외상 후에 몸이 이러한 변화를 경험하고 있는지 알아차린 적이 있나요? 공황적 경험을 한 적이 있나요? 몸에 어떠한 일이 발생하나요? 땀을 흘리나요? 심장이 빠르게 뛰나요? 지나치게 경계하거나 쉽게 놀라나요?

내담자가 이와 관련된 자신의 경험을 공유할 수 있도록 격려한다.

5. 외상을 떠오르게 하는 사람, 장소, 혹은 물건들을 신체적, 정서적, 혹은 인지적으로 회피하는 것을 발견할 수 있습니다. 회피는 위험하다고 느끼는 상황과 압도되거나 고통스러운 생각과 감정으로부터 스스로를 보호하기 위한 전략입니다.

외상 때문에 어떤 특정한 곳에 가거나 특정한 일을 할 수 없나요? 외상과 관련된 생각이나 느낌을 회피하려고 노력한 적이 있나요? 어떻게 하셨나요?

당신에게 일어난 외상을 잊기 위해 스스로 무엇인가를 하고 있는 것을 발견한 적이 있나요?

때로는 외상에 대한 기억과 느낌을 회피하고자 하는 욕망이 너무나 강렬해서 외상 중에 발생한 중요한 부분들을 잊어버리는 것을 발견하기도 합니다.

외상의 일부분을 기억할 수 없거나 설명할 수 없는 시간의 공백 같은 것이 있었던 적이 있나요?

외상에 대한 고통스러운 감정과 생각을 회피하기 때문에 정서적으로 둔감해지기도 합니다. 둔감해지는 느낌, 공허함이나 주위 환경으로부터 멀어지는 것을 경험한 적이 있나요? 예전에는 즐거웠던 일들이 더 이상 흥미롭지 않은 적이 있나요? 외상사건 이후 사람들로부터 멀어졌다는 느낌을 가졌나요?

6. 외상에 대한 또 다른 일반적인 증상반응은 슬픔과 침울한 기분이나 우울함입니다. 무망감과 절망감, 갑자기 울음을 터뜨리고 스스로를 해치거나 자살하고 싶은 생각이 들 수도 있습니다. 외상피해생존자들은 종종 자신이 잃어버렸거나 외상 이전에 함께 했던 사람들에 대해서 슬픔을 느끼기도 합니다. 예전에 즐겼던 활동이나 어울렸던 사람들에 대하여 흥미를 잃는 것도 외상과 연관성이 있습니다. 아무것도 즐거운 일이 없는 것처럼 보일 수 있습니다. 살아갈 가치를 느끼지 못하고 미래를 위해 세웠던 계획이 더 이상 중요하지 않은 것처럼 느끼게 될 수도 있습니다.

   슬프거나 우울한 적이 있나요? 눈물이 날 것 같은 적이 있나요? 갇혀버렸거나 무망하다고 느끼나요? 살아가는 것이 가치 있지 않거나 죽는 것이 더 낫다는 느낌이나 생각을 하고 계시나요? (아래의 자살위험평가 참조)

자살위험 평가

   만약 내담자가 자살관념(suicidal ideation)이 있다면, 외상에 대한 일반적인 증상반응을 논의하는 것을 멈추고 자살위험평가를 실시하여야 한다. 내담자에게 스스로를 해치려고 하는 생각, 충동, 느낌, 상상, 계획에 대하여 물어본다. 만약 내담자가 과거에 스스로를 해하려고 생각했거나 계획하였는지 물어본다. 만약 그랬다면 어떠한 계획을 세웠는지 혹은 어떠한 행동을 했는지를 물어보고 계획한 것을 실행하려는 의도가 있었는지 물어보도록 한다. 만약 내담자가 스스로를 해하려고 하는 생각이 들거나 그런 계획을 세우려고 하면 치료자, 병원 응급실, 혹은 또 다른 정신건강 전문가에게 연락하기로 서약한다. 2장에서 언급했듯이 내담자가 현재 자살행동을 할 위험이 높아 보인다면 즉각적인 개입이 실행되어야 하고, 이러한 증상이 치료된 후에야 PE를 다시 시작할 수 있다.

7. 외상사건 당시 당신은 위협적인 느낌을 받았을 것입니다. 당신의 감정, 몸, 삶에 대한 통제력이 없는 것으로 느껴졌을 수도 있습니다. 때때로 통제력을 상실했다는 느낌이 너무 강렬하여 "미쳐가는 것 같다" 혹은 "참지 못 하겠다"와 같은 느낌을 가질 수 있습니다.

외상 이후에도 이러한 경험을 한 적이 있나요? 그 경험은 당신에게 어떠하였나요?

8. 죄책감과 수치심을 느끼기도 할 것입니다. 죄책감과 수치심은 당신이 외상에서 살아남기 위해 하였거나 혹은 하지 않은 것에 관한 것일 수 있습니다. 당신이 하였거나 하지 않은 것에 대하여 추측하여 스스로를 비난하는 것도 흔히 발견되는 것입니다.

외상 때문에 스스로를 비난하고 있나요? 당신이 무언가를 하거나 하지 않았다면 그 외상 경험을 피할 수 있었을 것이라고 느끼나요? 죄책감이나 수치감을 느끼기 때문에 당신이 말하거나 함께 하는 것을 회피하는 사람이 있나요?

사람들은 상처입고 피해 받은 사람에게 책임을 돌리려 하기 때문에 오히려 사회, 친구들, 가족, 그리고 지인들로부터 비난을 받을 수도 있습니다.

외상 때문에 당신을 비난한 사람이 있나요? 그것에 대해 어떻게 생각하나요?

9. 분노라는 감정 또한 외상에 대한 매우 일반적인 증상반응입니다. 분노는 종종 당신이 끔찍한 경험을 한 피해자가 된 것이 불공평하거나 정의롭지 않은 일이라는 강렬한 느낌과 연관되어 있습니다. 분노는 대체로 외상사건의 특정 원인에 대한 것일 수도 있고, 외상사건을 어떠한 방식으로든 상기시키는 사람들과도 연관되어 있을 수도 있습니다.

특히 많은 분노나 공격적인 감정을 느끼나요? 사람들과 있을 때 분노가 폭발하거나 평소보다 사람들에게 더 퉁명스러운가요? 이것이 외상 전에 당신이 느꼈던 방식과는 다른가요?

　이러한 감정들이 당신과 다른 사람들에게 어떻게 영향을 주나요?

　때때로 너무도 화가 나서 누군가를 때리거나 욕을 하고 싶을 수 있습니다. 만약 분노라는 감정에 익숙하지 않다면 이 감정을 알아차리지 못하거나 어떻게 다루어야 할지 모를 수 있습니다.

　많은 사람들이 외상사건동안 자신이 했거나 혹은 하지 않은 일에 대해 분노를 느끼는 경우가 많이 있습니다. 자신을 향한 이러한 분노감정은 비난, 죄책감, 무기력함, 그리고 우울감으로 이어질 수 있습니다.

　많은 경우 그들이 가장 사랑하는 사람들인 가족, 친구, 배우자, 그리고 자녀들에게 분노와 짜증을 내기도 합니다. 이러한 경험을 한 적이 있나요?

　때로는 당신이 가장 아끼는 사람들에게 화를 낼 수도 있습니다. 당신은 왜 가장 아끼는 사람들에게 화가 나고 짜증나는지를 알지 못하기 때문에 혼란스러울 수 있습니다. 타인과 가까이 하는 것은 기분을 좋게 하지만, 이것이 오히려 친밀함, 의존, 취약성과 무기력감을 가져오게 할 수도 있습니다. 당신은 이러한 기분이 외상을 떠오르게 하기 때문에 화가 나고 짜증나는 기분을 느낀 적이 있나요?

10. 자아상 역시 외상사건으로 인해 나빠질 수 있습니다. 스스로에게 "나는 나쁜 사람이고, 나에게 나쁜 일이 일어났어", "내가 이렇게 약하거나 멍청하지 않았다면 이런 일이 나에게 일어나지 않았을 꺼야", 혹은 "내가 더 강했어야해"라고 말할 수 있습니다.

외상 이후로 스스로에 대해 부정적인 생각을 한 적이 있나요? 당신이 느끼거나 극복하는 방법에 대해 스스로에게 어떻게 말하거나 생각하고 있나요?

11. 외상경험 후에 다른 사람과의 관계가 어지럽혀지는 것도 흔한 일입니다. 이러한 관계문제는 슬프거나 두려운 감정 또는 분노감정 때문이기도 합니다. 이러한 부정적인 감정을 극복하기 위해서 다른 사람들로부터 멀어지거나 예전에 하던 활동에 참여하지 않게 될 수 있습니다. 당신이 가장 사랑하고, 가장 지지해주기를 원하는 사람이 그렇지 않다는 것을 발견하기도 합니다.

이것이 문제가 된 적이 있나요? 다른 사람들과 어울리는 것에 어려움이 있다는 것을 자각한 적이 있나요?

사랑하는 사람이 다쳤을 때 분노, 비통함, 그리고 죄책감을 느끼는 것은 일반적인 반응입니다. 친구들과 가족, 특히 배우자들은 당신의 외상에 대해서 듣는 것을 어려워하고, 이에 대해 매우 심각하게 반응할 수 있습니다. 당신이 외상으로 인한 고통을 겪고 있는 동안 사람들로부터 지지감을 얻는 것도 중요하지만 주변에 있는 사람들 또한 위기를 경험하고 있다는 것을 이해해야 합니다.

가족과 친구의 지지는 회복에 중요한 역할을 할 것입니다. 당신을 지지할 수 있다고 느끼거나 당신의 기분을 이해하는 사람들과 이야기를 나누는 것이 중요합니다.

12. 외상 이후 신체적인 접촉이나 성적 관계를 갖는 것에 흥미를 잃는 경우도 많이 있습니다. 여기에는 다양한 이유들이 있습니다. 예를 들어, 우울한 사람이나 외상을 경험하지 않은 사람들도 성적 욕구에 대한 흥미를 상실하는 경우가 있습니다. 신체적, 성적 관계에 대해 두려움을 느끼거나 흥미를 상실하는 것은 외상을 경험한 사람들에게서는 일반

적인 증상반응입니다.

성적 관계에 대한 흥미를 상실하였나요? 다른 사람과 신체적 접촉을 하는 동안 두려운 감정, 생각, 혹은 플래시백을 경험한 적이 있나요?

다른 사람과 정서적, 성적인 관계를 갖는 경험이 외상 때 겪었던 무력한 감정을 불러일으키기 때문에 누군가와 정서적, 성적으로 친밀한 관계를 맺는 것에 불편감을 느낄 수 있습니다. 실제로 성적 혹은 신체적 접촉을 할 때 플래시백이나 강렬한 불편감을 경험할 수 있습니다.

13. 최근의 외상으로 인해 이전의 경험들을 떠올릴 수 있습니다. 부정적인 경험이 떠오르게 되면 이는 또 다른 부정적 경험들에 대한 기억을 일으키게 됩니다. 이는 기억이 기능하는 정상적인 방식입니다. 이러한 이유로 외상 이후에는 잊어버렸던 과거의 외상사건에 대한 많은 부정적인 감정들이 기억나게 됩니다. 이러한 기억들은 최근의 외상사건에 대한 기억만큼이나 힘들게 할 수 있습니다.

부정적이지 않은 상황이나 경험을 떠올리는 것이 어려울 수 있습니다. 실제로 다시 행복함을 느끼거나 즐거운 경험을 할 수 있다는 것이 믿기지 않을 수도 있습니다. 그러나 그렇게 될 수 있습니다. 실제로 이러한 부정적인 경험을 뒤로 하고 더욱 긍정적인 기억들을 기억해 내는 것이 가능하다는 것을 알게 될 것입니다. 이러한 긍정적인 기억들은 더 많은 긍정적인 기억들을 촉발시키고, 결국에는 삶에 대해 균형 잡힌 관점을 갖게 됩니다.

최근 사건 전에 있었던 속상한 경험이 갑자기 떠오른 적이 있나요?

14. 마지막으로 몇몇 사람들은 외상 후에 알코올이나 다른 약물을 더 많이 사용하게 됩니

다. 책임질 수 있는 알코올 사용은 전혀 문제가 되지 않지만 만약 외상경험 때문에 알코올이나 약물사용을 많이 하게 된다면, 이는 회복을 더욱 늦출 것이고, 음주나 약물사용으로 인한 문제가 발생할 수 있습니다.

알코올을 마시거나 다른 물질을 사용한 적이 있나요? 외상 이후에 많이 증가하였나요? 특정한 날이나 시간에 더 많이 술을 마시는 경우가 있나요?

외상에 대한 일반적인 증상반응들은 서로 연관되어 있기도 합니다. 어떤 사람들은 플래시백을 경험할 때 자신에 대한 통제력을 상실한 것이 아닌가하는 걱정을 많이 하게 되거나 공포감을 증폭시키기도 합니다. 즉 외상에 대한 반응들은 서로 상호작용을 하여 전반적으로 증상반응을 증폭시킵니다. 외상 후에 나타난 변화들을 자각하고, 치료를 하면서 이러한 경험들을 프로세싱 할 수록 증상은 완화될 것입니다.

논의를 한 후에는 내담자 워크북에 있는 외상에 대한 일반적인 증상반응 부분을 다시 살펴보도록 지시한다. 가능하다면 내담자가 주위사람들과도 같이 정보를 공유하도록 제안한다.

사례 : 외상에 대한 일반적인 증상반응 소개

다음은 외상에 대한 일반적인 증상반응에 대한 논의를 하는 대화의 예입니다. 여기서 T는 치료자를, C는 내담자를 의미합니다. 이 사례에는 14개의 일반적인 증상반응들 중 5개만을 제시하였습니다.

메리는 40세 여성으로 한 개인 회사의 행정 보조로 일하고 있습니다. 메리는 도시 외곽에 있는 주택가에서 남편, 그리고 두 자녀와 함께 살고 있습니다. 그녀가 오후 6시에 슈퍼마켓에 갔을 때, 한 젊은 백인 남성이 칼로 위협하며 그녀의 차안으로 들어가게 했습니다. 그녀는 슈퍼마켓 주차장에 세워져있던 그녀의 차 안에서 강간을 당하였습니다. 치료자는 그녀가 강간을 당한지 4개월 후에 인터뷰를 하였습니다.

초기 인터뷰를 하는 동안 메리는 불안, 수면문제, 플래시백, 긴장, 그리고 식욕부진을 보고하였습니다. 그녀는 자신의 차에 타거나 일을 하러 갈수도 없었고 그녀의 가족에게 극심하게 짜증나는 반응을 보였다고 보고하였습니다.

T : 지금 매우 불편하고 속상하다는 것을 저는 알고 있습니다. 하지만 지금 경험하고 있는 증상들이 외상사건에 대한 일반적인 증상반응입니다. 당신이 겪는 것과 같이 외상 후에 사람들이 경험하는 증상반응의 종류에 대해서 알게 되면 당신이 경험하고 있는 것에 대한 이해를 할 수 있게 될 것입니다.

C : 제 삶이 엉망진창이 되었고, 절대로 예전으로 돌아갈 수 없을 것이라고 느끼곤 해요. 아무것에도 집중할 수가 없고, 일을 하러 가는 것도 두렵습니다. 최근에는 제가 예전으로 돌아가려 해도 이를 통제할 수 없어서 결국 직장을 잃을까봐 걱정이 되요.

T : 그건 정말로 무서운 느낌일 것 같네요. 그렇죠? 외상에 대한 증상반응에 대해 조금 더 이야기 해보려고 하는데 괜찮으시겠어요? 각각의 증상반응들을 살펴보고 당신이 어떤 경험을 했는지에 대해서 오늘 논의하고자 합니다. 당신은 강간사건 이후부터 집중하는 것에 어려움이 있다고 하였지요?

C : 네... 전 너무 멍하고 아무것에도 주의를 기울일 수가 없어요.

T : 집중하지 못할 때 어떠한 일이 생기나요?

C : 강간에 대한 이미지들이 계속해서 떠오르고, 이를 제거할 수가 없어요.

T : 주변에 일어나고 있는 것에 집중하고, 기억하고, 주의를 기울일 수 없다는 것은 매우 두렵고 속
   상한 일입니다. 머릿속에서 갑자기 떠오르는 이미지들을 우리는 재경험 증상이라고 부르는데
   대개 이것이 집중하는 능력을 방해하게 됩니다. 이 증상은 극심한 불안을 느끼게 만들 수도 있
   습니다. 어떤 상황에서 이러한 이미지들이 떠오르는지 예를 들어줄 수 있나요?

C : 네. 제 차를 볼 때마다 손에 칼을 든 그 남자의 얼굴이 보입니다. 전 그 차를 다시는 운전할 수 없
   을 겁니다. 어제는 남편이 저를 슈퍼마켓까지 태워 주었지만 그의 차에서 나올 수가 없었어요.
   남편은 제가 과잉 반응을 하고 있다고 말했어요.

T : 때때로 재경험 증상들은 – 이미지, 생각, 또는 플래시백 – 아무 이유 없이 나타나기도 하지만 종
   종 당신의 차, 주차장, 슈퍼마켓, 가해자와 닮은 사람을 보는 것과 같이 외부 사건 혹은 물건에
   의해서 촉발됩니다. 또는 악몽을 꾸게 되는데 이것도 외상의 재경험이라고 볼 수 있습니다. 혹
   시 악몽을 꾸신 적이 있나요?

C : 밤에 저는 제대로 잠을 잘 수가 없을 때가 많습니다. 제 남편은 제가 불을 켜고 자고 싶어해서
   절 미쳤다고 생각합니다. 저는 아침에 되어서야 겨우 잠들고 다시 깨기 전까지 대체로 한 시간
   에서 두 시간 정도만 자고, 다시 잠을 자지 못하고 있어요.

T : 강간 후에 많은 여성들이 더욱 안전함을 느끼도록 하기 위해 불을 켜고 자는 것이 필요하다고
   말합니다. 남편과 함께 이러한 증상반응들에 대해 논의하거나 그가 당신이 현재 경험하고 있는
   것이 외상에 대한 일반적인 증상반응이라는 것을 더욱 잘 이해할 수 있도록 이 자료를 읽어 보
   도록 하는 것이 좋을 것 같네요. 잠을 잘 때 악몽을 꾼 적이 있나요?

C : 네, 하지만 그 악몽은 강간에 관한 것은 아니었어요. 그것들은 단지 폭력적이고 불편한 꿈들이
   었습니다.

T : 많은 여성들이 강간을 당한 후에 유사한 경험을 한다고 보고합니다. 외상의 폭력적인 특성에 대한 악몽을 꾸지만 이는 특별히 강간에 관한 것은 아닐 수 있습니다. 이 모든 것들이 실은 많은 외상피해생존자들이 재경험하는 것입니다. 몸에 어떠한 변화가 있지는 않나요?

C : 제 심장이 빨리 뛰는 것과 같은 것을 말씀하시는 건가요?

T : 그렇습니다. 또 다른 감각적인 변화들이 있으신가요?

C : 저는 초조한 느낌이 많고 공황장애적 느낌이 있어요. 그런데 이러한 느낌을 설명하는 것은 너무 힘듭니다. 마치 제가 과도하게 각성되어 있는 것 같아요.

T : 매우 잘 표현해 주셨어요. 실제로, 이러한 경험은 외상 후에 많은 사람들이 보고하는 증상입니다. 이것은 매우 불안하고 두려운 감정에 대한 신체의 반응이라고 할 수 있지요.

C : 저는 강간을 당할 때라면 이러한 느낌을 가질 수 있다는 것을 이해할 수 있지만 왜 이 감정을 제가 계속해서 느끼는 건가요?

T : 외상사건으로 인해 당신은 세상의 위험을 자각하게 되었고, 이에 대해서 준비하고 싶어 합니다. 몸은 벌써 일정하게 준비되고 각성된 상태이기 때문에 어떠한 순간에도 반응할 준비가 되어 있다고 볼 수 있어요. 매 순간 각성되어 있거나 초조함을 느끼는 또 다른 이유는 외상에 대한 촉발요인 때문입니다. 자동차라든지 주차장, 슈퍼마켓, 가해자를 닮은 사람과 같은 드러나 있는 것 뿐 아니라 갑자기 뒤에 사람이 나타날 때, 남편이 당신을 감싸 안을 때, 당신의 차와 닮은 차를 봤을 때 혹은 낯선 사람들을 봤을 때와 같이 더욱 감지하기 힘든 다른 촉발요인들이 있을 수 있습니다. 촉발요인들이나 외상을 상기시키는 요인들은 꼭 외부 사건이나 물건이 아닐 때도 있습니다. 춥거나 쌀쌀함을 느끼는 것이 강간을 당할 때의 느낌을 떠오르게 할 수 있습니다. 이

때 춥거나 쌀쌀한 느낌은 두려움과 불안 반응들에 대한 촉발요인이 됩니다. 강간을 떠오르게 하는 또 다른 경험이 있나요?

C : 네, 많은 것들이 강간사건을 떠오르게 합니다. 이러한 이유로 저는 숨고 싶고, 그것에 대해 이야기 하고 싶지 않고, 누군가 혹은 어떤 것도 상대하고 싶지 않는 기분을 느낍니다. 전 그냥 혼자 있고 싶고, 때로는 가족과도 떨어지고 싶습니다.

T : 외상을 떠오르게 하는 것들과의 접촉을 회피하고 싶은 것은 외상에 대한 자연스러운 반응입니다. 아마 사람, 장소, 혹은 외상을 떠오르게 하는 많은 것들을 회피하고 있을 것입니다. 회피는 당신이 위험해질 것이라고 느끼거나 위험해질 수 있는 상황이나 생각, 또 당신을 압도하고 고통스럽게 하는 감정들로부터 스스로를 보호하기 위한 전략이라고 할 수 있습니다. 이전에 식료품을 사러 가거나 당신의 차에 앉아 있을 수조차 없다고 하였습니다. 강간을 떠오르게 하기 때문에 당신이 회피하는 또 다른 장소나 사람, 혹은 상황들이 있나요?

C : 아니요.

T : 일로 복귀하고 싶다고 하였지요?

C : 네, 하지만 전 운전하는 것과 각성이 되어서 올바르게 생각할 수 없는 상태를 통제할 수가 없어요. 저는 이것들을 잘 다룰 자신이 없어요.

T : 지금까지 경험한 것을 생각해 볼 때 충분히 이해가 갑니다. 저는 이러한 반응들을 더욱 잘 이해하고 외상으로부터 회복하기 위해 함께 노력해 나가면 증상들이 점차 감소할 것이라고 생각합니다. 직장으로 돌아가는 것이 도전이 되겠지만 이 문제를 잘 다루어 나아진 기분상태가 되실 것입니다. 이렇게 도움을 받으려고 오셔서 정말 다행입니다.

이론적 설명(10분)

내담자에게 실제상황노출의 이론적 설명을 소개한다:

첫 회기에서 우리는 상상노출과 실제상황노출의 절차에 대해서 이야기를 나누었고 또 우리가 방금 논의한 증상에서 벗어나 회복하기 위해서 노출기법이 어떻게 도움이 되는지를 논의하였습니다. 오늘 우리는 실제상황노출의 이론적 근거를 리뷰 하고, PTSD를 극복하기 위해서 지금까지 회피해왔던 외상과 연관된 상황을 왜 직면하여야 하는지를 알아보려고 합니다. 그러고 나서 회피하고 있었던 상황에 대한 목록을 만들고 이 상황에 실제로 노출하는 실제상황노출을 하게 될 것입니다.

사람들은 고통스럽거나 힘든 기억이나 상황, 생각, 혹은 느낌들로부터 도망치거나 회피하고 싶어 하는 것이 매우 일반적입니다. 고통스럽거나 불안함을 일으키는 경험을 회피하는 것은 단기적으로는 효과적일 수 있지만 장기적으로는 과연 그럴까요?

만약 내담자가 적절하게 응답을 하지 못한다면 회피는 외상의 증상반응이나 PTSD로부터 회복하는 것을 지연시킨다는 것을 다시 알려주도록 한다.

치료자는 내담자와의 일반적인 증상반응에 대한 논의에서 나온 회피의 예를 사용할 수도 있다.

이러한 이유 때문에 이 프로그램은 현재 회피하고 있는 외상관련 상황들을 직면하는 것을 돕고자 합니다. 실제상황노출을 통해 PTSD 증상들을 극복하는 방식에는 몇 가지가 있습니다.

첫째, 불안하거나 두려운 상황을 회피함으로서 불안을 감소시키는 습관이 생겼습니다. 예를 들어 집에서 우유가 떨어졌다는 것을 알았을 때를 생각해 보십시오. "남편이 일을 끝내고 돌아올 때까지 기다리는 건 말이 안 돼. 난 혼자서 슈퍼마켓을 가야만 해"라는 생각이 든다면 불안감을 느끼기 시작할 것입니다. 그럼 다시 "남편이 집에 올 때까지 기다렸다가 우유를 사러 가야지"라고 스스로에게 말하게 됩니다. 이러한 결정을 내린 즉시 불안은 감소할 것이고 기분이 좋아질 것입니다. 이렇게 불안을 회피를 통해 감소시킬수록 회피하는 습관은 더욱 더 강해질 것입니다. 따라서 현재 회피하고 있는 상황을 조심스럽게 직면하게 되면 회피를 통해 불안을 감소시키는 습관을 극복할 수 있게 됩니다.

둘째, 위험하다고 생각하기 때문에 회피해오던 상황을 반복적으로 직면하게 되면 나쁜 일이 실제로는 일어나지 않는다는 것을 알게 되고, 이러한 상황들이 실제로는 안전하며 회피할 필요가 없다는 것을 배우게 됩니다. 하지만 만약 계속해서 회피를 한다면 이러한 상황이 위험하다고 계속 믿게 될 것이고 계속해서 회피를 하게 될 것입니다. 따라서 실제상황노출은 실제로 위험할 수 있는 상황과 실제로는 안전한 상황을 더욱 잘 구분할 수 있도록 도와줍니다. 만약 슈퍼마켓에 혼자 가는 것을 이전에는 괜찮다고 느꼈다면, 지금 슈퍼마켓에 혼자 가는 것도 괜찮을 것입니다.

셋째, PTSD를 겪고 있는 많은 사람들은 불안감을 유발하는 상황에 계속 머무르게 되면 불안감이 영속적으로 유지될 것이고, 더욱 악화될 것이라고 믿습니다. 하지만 이 상황에 충분히 오랫동안 머물러 있을 수 있다면 불안이 오히려 감소하는 것을 자각할 수 있습니다. 이러한 과정을 습관화라고 부릅니다. 이러한 과정의 결과로서 증상은 감소하게 됩니다.

넷째, 두려운 상황을 직면하고 이를 극복하게 되면 자존감이 증진되고 좀 더 자신감 있는 느낌을 줄 것입니다. 당신은 예전에 즐겼지만 PTSD 이후로 하지 않았던 일들을 다시하기 시작할 수 있을 것이고 당신의 삶을 즐기기 시작하며 활동을 늘려갈 수 있을 것입니다.

이러한 이유로 우리는 당신이 현재 회피하고 있는 상황들에 점진적으로 직면해 나가도록 부탁을 하게 될 것입니다. 물론 안전하지 않은 실제로 위험한 상황들을 직면하도록 하지는 않을 것입니다. 우리의 목표는 실제로 안전하지 않은 상황을 안전하게 바라보도록 돕는 것이 아니라 현실적으로 안전한 상황들을 회피하는 것을 멈추게 하는 것입니다. 예전에 좋아했던 혹은 중요하게 생각했던 사람들이나 상황을 회피하는 것을 중단하기 위해 외상 이후부터 해왔던 회피상황의 목록을 함께 만들 것입니다. 또한 이러한 상황들을 회피하지 않고 직면하였을 때 얼마나 고통이나 불편감을 느끼는지를 알아보게 될 것입니다.

실제로 내담자의 삶에서 경험한 것들을 실제상황노출을 설명하는 예로 사용하면 이 실제상황노출 절차가 어떻게 작용하는지와 그 과정을 설명하는데 큰 도움이 된다.

이 점을 내담자에게 설명하기 위해 다음의 예들 중 하나를 사용하도록 한다:

사례 #1 : 실제상황노출

실제상황노출이 어떻게 작용하는지를 설명하기 위해 예를 하나 들겠습니다. 어머니와 함께 바닷가에 앉아있던 한 어린 소년은 예상하지 못한 큰 파도에 휩쓸렸습니다. 그 소년은 매우 놀랐고 집에 가고 싶다며 울었습니다. 다음날, 바닷가에 나가는 시간이 되자 그 어린 소년은 울며 바닷가에 가는 것을 거부하기 시작하였습니다. 그는 "싫어, 싫어, 물이 또 나에게 올꺼야"라고 계속해서 말했습니다. 그가 물에 대한 공포를 극복하도록 하기 위해 그의 어머니는 그 후 며칠 동안 그와 함께 바닷가를 걸었습니다. 어머니는 소년의 손을 잡아주었고 조금씩 물가에 다가가서 걸을 수 있도록 도와주었습니다. 그 주가 끝나갈 쯤, 소년은 물에서 혼자 걸을 수 있게 되었습니다. 인내와 연습, 격려, 점진적인 노출을 통해서 물에 대한 소년의 공포는 줄어들었습니다.

사례 #2 : 실제상황노출

뉴욕에 살고 있는 한 택시기사는 다리를 건너는 것을 두려워하였습니다. 이 공포 때문에 다리를 건너가기를 원하는 손님들을 태울 수 없게 되었고 그의 업무에 심각한 문제를 일으켰습니다. 다리를 건너야할 때마다 그는 차에 문제가 생긴 것처럼 행동하였고, 그의 승객에게 다른 택시를 불러 주었습니다. 이 택시기사는 치료자의 도움으로 다리를 건너는 것을 매일 연습하였습니다. 일주일 뒤에는 치료자가 앞서 운전해 나가면 그의 뒤를 따라가 다리를 건널 수 있었습니다. 2주가 끝날 무렵, 그는 반복적인 연습으로 작은 다리를 혼자 건널 수 있게 되었습니다.

내담자에게 계속하여 실제상황노출 기법을 설명한다:

위에 설명한 예는 두려운 상황을 점진적으로 직면하게 되면 고통 수준이 감소된다는 것을 이해하도록 한 예입니다. 당신은 외상사건을 경험하였기 때문에 그것과 연관된 두려움에 직면하기 위해서는 많은 시간이 필요할 수 있습니다. 하지만 충분한 시간과 연습, 그리고 용기가 있다면 당신을 현재 두렵게 하는 것을 직면할 수 있게 될 것입니다.

만일 내담자들이 불안감의 감소 없이 공포상황을 직면하고 있다면 치료자는 단기적으로 이루어지는 노출과 공포상황에 의도적이며 반복적이고 지속적인 치료적 노출을 하는 것의 차이에 대해 분명히 구분하는 것이 도움이 될 수 있다. 치료자는 후자의 노출이 공포증이나 극심한 공포를 극복하는 것에 효과적이라는 것을 설명하고 내담자의 습관화를 방해하는 요인을 파악하는 것을 목표로 내담자가 자신의 공포에 어떻게 직면해 왔는지 살펴보도록 한다.

주관적 불편감(SUDS, 써드) 소개 (5분)

공포스럽고 회피하는 상황의 순위표를 만들기 전 SUDS 척도에 대해서 다음과 같이 설명하도록 한다.

어떤 특정한 상황에서 어느 정도 불편감이나 불안감을 일으키는지를 파악하기 위해, 우리는 0-100까지의 주관적 불편감 척도를 사용하게 될 것입니다. 주관적 불편감 100은 인생에서 경험한 가장 고통스러운 상태를 나타내며, 주관적 불편감 0은 불편감이 전혀 없는 상태를 의미합니다. 주관적 불편감 수준이 100이라고 한다면 사람들은 자신의 손바닥에서 땀이 나고, 심장 박동이 빨라지며, 호흡하기가 어렵고, 어지러움을 느끼는 것과 같은 신체적인 반응을 경험하고 있을 때라고 볼 수 있습니다. 그러므로 주관적 불편감 100은 매우 극심한 상태를 의미합니다. 하지만 사람들마다 개인차가 있기 때문에 한 사람에게서는 주관적 불편감 100인 상황이 다른 사람에게는 그렇게 극심한 상황이 아닐 수 있습니다. 이러한 이유로 우리는 이 척도를 주관적인 척도라고 부릅니다. 예를 들어 당신과 당신의 친구가 깊은 수영장 옆에 서있는데 누군가가 둘 모두를 물에 빠뜨린 상황을 상상해 보십시오. 만약 그 친구가 수영하는 법을 모른다면, 그 사람의 주관적 불편감 수준은 100일 것입니다. 하지만 만약 당신이 수영을 할 수 있거나 깊은 물을 두려워하지 않는다면 당신의 주관적 불편감 수준은 0일 것입니다. 이해가 되셨나요?

내담자가 SUDS 0, 50, 그리고 100인 상황을 파악하도록 하도록 한다. 이를 위해 다음과 같이 설명하도록 한다:

이 SUDS 척도를 당신이 느끼는 특정한 공포에 맞추기 위해 어떤 상황들이 척도 상에 있는 당신의 SUDS 수준을 반영하고 있는지 같이 찾아보고자 합니다. 최근 당신이 경험한 상황 중에 어떠한 상황이 불편감 0 수준이었나요? 무엇이 당신을 0정도로 느끼게 하였나요? 어떠한 상황이 가장 고통스럽고 속상하며 극도의 불편감인 *100 정도 수준을 느끼게 했나요? 당신에게 50 수준은 무엇인가요? 50은 보통 수준의 불편감이며, 당신이 0으로 느낄 때와 100으로 느낄 때의 중간입니다.*

내담자가 SUDS 수준 25와 75를 파악하도록 하는 것도 유용하다. 내담자가 이 척도를 이해하였는지를 확인하기 위해 내담자에게 다음과 같이 물어보도록 한다:

지금 우리가 대화를 할 때 어느 정도의 불편감을 느꼈나요? 외상사건 직후의 SUDS 수준은 어느 정도였나요?

내담자가 이 체계에 익숙해질 때까지 SUDS 척도의 기준점(anchor points)을 알아보도록 한다. 치료가 진행되면서 상황에 대한 내담자의 공포감은 계속해서 변화하기 때문에 외상상황과 직접적으로 연관되지 않는 기준점을 설정하는 것이 좋다. 하지만 많은 외상 생존자들에게 기준점 100은 지금 그들을 가장 힘들게 하는 외상사건이 일어난 순간일 것이며, 다른 사람들은 그 기준점이 다를 수 있다. 예를 들어:

0 = 매우 편안한 상태로 침대에서 TV 보기
25 = 시내버스 타기
50 = 직장에서 실수를 하여 상사가 그 실수에 대한 설명을 듣기 위해 만나고자 함
75 = 아이의 선생님으로부터 걸려온 전화 받기
100 = 외상 때와 같은 느낌

우리는 상상노출과 실제상황노출 동안의 경과를 관찰하기 위해 주관적 불편감 척도를 사용할 것입니다. 우리는 노출연습 동안에 불안의 변화를 관찰하기 위해 이 척도를 사용할 것입니다.

실제상황노출 순위표 만들기 (20분)

　내담자에게 실제상황노출 절차와 SUDS 척도의 원리를 소개하고, 내담자가 외상 때문에 회피하는 상황, 사람, 그리고 장소의 구체적인 예들을 이끌어 내도록 한다.

　목록에 작성한 상황들은 슈퍼마켓 가기나 복잡한 거리에 가기와 같이 쉽게 반복적으로 접근할 수 있는 것들이어야 한다. 즉 목록에 적힌 상황에 노출하기 위해 3시간을 운전해야 한다면 이러한 상황은 반복적인 연습을 하기에는 비현실적이라고 볼 수 있다. 또한 목록에 적힌 상황은 일반적이기 보다는 상세한 상황이어야 한다. 예를 들어 "복잡한 거리에 나가기" 혹은 "슈퍼마켓 가기"와 같은 상황은 충분히 상세하다고 볼 수 없다. 특정 거리나 슈퍼마켓, 특정한 시간대에 따라 불편감의 수준이 달라질 수 있기 때문에 내담자가 특정한 거리나 슈퍼마켓 그리고 특정한 시간대를 구체적으로 정하도록 하는 것이 중요하다. 또한 친구와 함께 슈퍼마켓에 가는 것이 혼자 가는 것보다는 불안을 덜 일으킨다는 것도 염두할 필요가 있다.

　어떤 내담자들은 실제상황노출의 순위를 쉽게 여겨서 15-20개 정도의 상황들을 빠르게 설정할 수 있다. 그러나 회피적인 행동과 자신을 연결시켜 생각하기 어려워하는 내담자들의 경우에는 실제상황노출의 순위를 설정하는 것을 힘들어 한다. 이러한 내담자들의 경우에는 목록 전체를 만들기 위해 많은 시간을 할애하기보다는 다섯 개 정도의 상황을 파악하는 것에 집중하여 그 가운데 40-50의 SUDS 수준을 느끼는 상황 두 개 정도를 정하여 숙제로 주도록 한다. 숙제를 하는 동안 내담자가 스스로 회피하는 상황들을 목록에 추가하도록 하여 목록 전체가 15-20개 정도가 되도록 한다. 실제상황노출 순위를 일의 진행과정이라고 생각하고, 치료가 진행되면서 치료자와 내담자는 새로운 상황을 목록에 포함시킬 수 있다는 것을 알고 내담자가 회피하는 모든 상황을 지나치게 목록에 포함시킬 필요는 없다. 단지 내담자가 회피했던 상황들 가운데 대표적인 것만을 포함시키도록 한다.

　다음은 PTSD 내담자들이 주로 회피하는 세 가지 유형의 상황이고, 실제상황노출 순위를 설정할 때에는 이 세 유형을 모두 고려하도록 한다.

1. 첫 번째 유형의 상황은 객관적으로 위험하지는 않지만 내담자가 세상을 매우 위험한 곳으로 보기 때문에 위험하다고 생각하는 상황이다. 내담자는 실제로 매우 위험한 상황과 상대적으로 위험률이 낮거나 안전한 상황을 구분하지 못한다. 이러한 유형의 상황에는 안전한 곳에서 밤에 혼자걷기, 파티에 참석하기, 사람이 많은 장소 가기, 그리고 주차장에 있기와 같은 것을 포함할 수 있다. 이러한 유형의 상황들은 내담자가 스스로 위험할 것이라고 믿거나 그 상황에 있으면 매우 나쁜 일이 발생할 것이라고 믿기 때문에 회피하는 것이다.

2. 두 번째 유형의 상황은 외상사건이 발생했을 때 입었던 옷과 동일하거나 유사한 옷 입기, 외상사건동안 맡았던 냄새 맡기나 음악듣기, 자신이 경험한 유사한 외상사건이 나올 수 있는 TV 뉴스 보기와 같이 외상사건을 떠오르게 하는 상황이다. 이러한 유형의 상황들은 위험해 보이기 때문에 회피하기보다는 외상사건에 대한 기억을 떠오르게 하고, 기분을 나쁘게 하기 때문에 회피하게 된다. 이러한 상황은 종종 불편감이나 불안 수준을 증가시키지만 노출을 했을 때 객관적으로 안전한 상황들이다.

3. 실제상황노출 연습의 세 번째 유형은 불안이나 불편감 때문에 회피하는 내담자에게 적용하기보다는 우울하거나 외상 후에 흥미를 잃었기 때문에 상황이나 활동을 회피하게 된 내담자들에게 특히 도움이 된다. 이 상황에는 운동하기, 클럽 가입하기, 취미 활동하기, 친구 만들기, 교회나 모임 참석하기, 친구를 만나거나 집으로 초대하기, 지금은 하지 않지만 예전에 즐겨하던 활동하기를 포함한다. 이러한 "행동활성화" 유형은 불안이나 다른 부정적 감정들을 촉발하지 않더라도 우울하고 사회적으로 고립되어 있거나 비활동적인 내담자들이 다른 사람들, 세상과 다시 연결되는 것을 돕기 위해 실제상황노출 목록에 반드시 넣도록 한다.

실제상황노출 순위를 만들기 위해 부록 B에 있는 실제상황노출 순위표에 회피하는 상황과 활동들을 작성하도록 한다. 이 매뉴얼에서 양식을 복사하거나 Treatments *That Work*™ 웹사이트에서(www.oup.com/us/ttw) 다운로드 할 수 있다. '회기 2'라고 적혀있는 부분에는 각각의 상황을 직면할 때 내담자가 예상하는 SUDS(내담자가 경험하거나 경험할 것이라고 상상하는 불안과 공포의 강도)를 기록하도록 한다. 내담자의 워크북에 있는 실제상황노출 순위에도 같은 상황을 기록하도록 하고, 이와 함께 예상하는 SUDS를 기록하도록 지시한다. 만약 내담자가 회피한 상황을 떠올리지 못한다면 이미 얻은 정보를 사용하여 대화를 시작하도록 한다. 특정한 외상 유형에 나타나는 일반적인 회피에 대해 탐색하도록 한다; 예, 오토바이 사고를 당한 생존자의 경우 차를 타는 것, 강간 피해자가 포옹하기. 만약 내담자가 상황을 파악하는 것을 어려워하면 평가 중 자료, 내담자의 행동관찰이나 목록에 있는 예들을 사용하도록 한다. 그림 4.1, 4.2, 4.3에는 각각 다른 유형의 피해자들과 외상에 따라 세 개의 샘플 순위표가 나와 있다.

외상피해생존자들이 전형적으로 회피하는 상황 목록

외상피해생존자들이 흔히 회피하는 고통스러운 상황들의 예는 아래와 같다.

1. 성폭행의 경우, 친숙하지 않은 남자를 보는 것(성폭행범과 같은 인종의 사람)
2. 누군가가 가까이 서있거나 갑자기 접근하는 것
3. 누군가와 신체적 접촉이 있는 것(특히 친숙하지 않는 사람)
4. 외상 상황과 유사한 활동을 하는 것(오토바이 사고를 겪은 사람이 운전을 하거나 차를 타는 것)
5. 길을 걸어가거나 개방된 장소에 있는 것
6. 집에 혼자 있는 것(낮 혹은 밤에)
7. 밤에 혼자 어디를 가는 것
8. 혼잡한 쇼핑센터나 상점에 있는 것
9. 낯선 사람과 말하는 것
10. 차를 운전하거나 정지 신호에 서 있는 것

11. 주차장에 있는 것

12. 엘리베이터를 타거나 좁은 공간에 있는 것

13. 외상과 관련된 사건을 신문이나 뉴스에서 보거나 듣는 것

14. 외상에 대해서 누군가와 이야기하는 것

15. 외상을 떠오르게 하는 영화를 보는 것(전쟁영화나 폭행장면)

16. 외상이 발생한 장소 근처에 가는 것

17. 대중교통을 이용하는 것

18. 소중한 사람들과 포옹하거나 키스하는 것

19. 성적 혹은 신체적 접촉을 하는 것

20. 외상사건 혹은 그 시기에 들었던 음악듣기

21. TV에서 뉴스 보기

22. 화장을 하거나 매력적으로 보이게 하기

23. 폭력적인 영화 보러가기

24. 운동수업 듣기

실제상황노출 순위를 구성할 때 지켜야 할 안전수칙

　실제상황노출을 위해 선택된 상황들은 객관적으로 안전하거나 위험이 적은 상황이어야 한다. 치료자와 내담자는 기본적인 안전수칙과 내담자의 일상적인 기능수준에 적절한지를 고려하여 실제상황노출 연습을 선택해야 한다. 만약 치료자의 입장에서 내담자가 회피하는 장소, 활동, 혹은 상황을 잘 알지 못한다면 내담자의 또래 그룹들이 어떻게 행동하는지를 물어보는 것이 좋다. 예를 들어, 내담자 집 주변에서 내담자와 비슷한 여성이 혼자 걸어 다니는 것이 안전한지를 알고 싶다면 "다른 여성들은 그곳에서 어떻게 행동하나요? 혼자 집 주변을 걸어 다닐 수 있나요? 그리고 얼마나 늦은 시간에 그 사람들이 걸어 다니는 것 같나요?"라고 물어보도록 한다.

이 름: _____

날 짜: _____

치료자: _____

항목		SUDS (회기 2)	SUDS (회기 9)	SUDS (마지막 회기)
1.	친한 친구와 밥 먹으러 가기	25	15	5
2.	친구와 백화점 가기	30	5	5
3.	아들과 마트에 가기	30	0	0
4.	마트에 혼자가기	35	5	5
5.	백화점에 혼자가기	35	10	5
6.	칼을 다루는 사람을 보기	45	5	5
7.	부엌이 아닌 곳에서 칼을 보기	45	10	0
8.	칼로 찌르는 장면이 나오는 영화 보기	50	15	15
9.	여자 친구와 클럽에 가기	50	10	0
10.	침실에서 칼을 보기	60	15	5
11.	몸에 난 상처 보기	70	5	0
12.	친구들과 술집에 가기	90	40	30

주관적 불편감 고정점(SUDS Anchor Points)

0 - 집에서 TV보기

25 - 남자와 공공장소에 있기

50 - 남자와 단 둘이 있기

100 - 그 남자가 나를 죽이려고 한다는 것을 알았을 때의 느낌

그림 4.1_ 칼에 찔린 후 생존한 여성의 실제상황노출 순위표의 예

이 름 : _____

날 짜 : _____

치료자 : _____

항목		SUDS (회기 2)	SUDS (회기 9)	SUDS (마지막 회기)
1.	다른 참전군인 만나기	25	25	0
2.	군부대 방문하기	50	25	20
3.	전쟁에 같이 참여했던 동료에게 연락하기	50	10	5
4.	전쟁 영화 보기	75	25	25
5.	친구들에게 전화해서 은퇴 이유 설명하기	75	0	
6.	바닷가에 가기	75	5	0
7.	참전군인 병원에 가기	80	0	0
8.	전투화 신기	90	0	0
9.	아내에게 전쟁에 대해 이야기하기	90	100	45
10.	크루즈 여행하기	100	0	0
11.	전쟁 수집품 살펴보기	100	0	10
12.	다른 참전 군인들과 전쟁 경험 이야기하기	100	25	25

주관적 불편감 고정점(SUDS Anchor Points)

0 - 침대에 누워 책 읽고 TV보기

25 - 돈이 없어서 공과금을 납부할 수 없을 때

50 - 아내와 말다툼하기

75 - 실직했을 때

100 - 재난상황이나 폭력적인 행동에 관여하게 됐을 때

그림 4.2_ 참전군인 남성의 실제상황노출 순위표의 예

이 름 : _____

날 짜 : _____

치료자 : _____

항목		SUDS (회기 2)	SUDS (회기 9)	SUDS (마지막 회기)
1.	할아버지(가해자)에게 편지쓰기	50	25	
2.	엄마에게 편지쓰기	50	10	
3.	파트너에게 성관계를 먼저 요구하기	30	5	
4.	주차할 때 차 문 잠그기	40	0	
5.	방문을 잠그지 않고 잠자기	50	5	
6.	외가집 방문하기	50	35	20
7.	남자 친구의 요구에 반응하기	60	5	
8.	방 문을 열어놓고 잠자기	70	5	
9.	친구와 시내에 가기	70	40	0
10.	사람들에게 등 돌리고 앉기	75	15	0
11.	교실 앞에 앉아있기	80	40	30
12.	시내에 혼자 걸어가기	85	50	30
13.	친가 방문하기	85	40	10
14.	학대사건에 대해 엄마에게 말하기	95	20	

주관적 불편감 고정점(SUDS Anchor Points)

0 - 집에 앉아서 십자수하기, TV 보기

50 - 누군가 내 차를 따라올 때

100 - 성학대사건

그림 4.3_ 아동기 성학대 여성생존자의 실제상황노출 순위표의 예

객관적으로 위험하거나 위험률이 높은 상황들은 선택하지 않아야 한다. 예를 들어, 마약을 파는 것으로 알려진 장소나 범죄가 자주 발생하는 것으로 알려져 있는 공원을 내담자 혼자 걷도록 해서는 안 된다. 그러나 치료자는 내담자의 안전을 확보한 상태에서 불안을 촉발하는 요인을 포함하는 대안적인 노출상황을 만들어 내어야 한다. 예를 들어 다른 사람과 공원을 걷거나 상대적으로 안전한 도시를 혼자 걷는 것은 좋은 대안적 상황이라고 할 수 있다. 만약 치료자가 객관적으로 안전한 활동인지에 대한 의문이 든다면 그 활동을 하지 않는 것이 최선일 수 있다.

다음은 안전 수칙을 고려해야 하는 상황의 예이다.

사례 #1: 고려해야 하는 안전수칙

베티는 도시 위험지역에 살고 있습니다. 베티는 밤에 집을 나설 때 항상 누군가와 함께 나가야 합니다. 이러한 잠재적인 위험 때문에 베티의 치료자는 베티의 실제상황노출 숙제를 함께 해줄 수 있는 지지적인 사람들의 목록을 함께 작성하였습니다.

사례 #2: 고려해야 하는 안전수칙

베로니카는 직장에서 가까운 공공 주차장에서 강간을 당했습니다. 직장 가까이에 있는 유일한 주차장인 그 곳에 가는 것을 두려워하게 되면서 나중에는 직장에 가는 것까지 피하게 되었습니다. 그녀가 다시 직장에 나가고 그 주차장을 사용할 수 있도록 하기 위해서 실제상황노출에 이 주차장을 방문하는 것을 포함시켰습니다. 그러나 주차장이 우범지역에 있었고 다시 피해에 노출될 수 있었기 때문에 치료자는 베로니카가 저녁에 주차장에 갈 때에는 주차장에서 일하는 안전요원의 보호를 받는 것을 제안하였습니다.

실제상황노출 숙제 (5분)

치료자를 위한 정보

실제상황노출은 보통 수준의 불안을 일으키는 상황(예, SUDS = 40 혹은 50)에서 시작하여 점차로 정서적 고통이 높은 상황(예, SUDS = 100)으로 진행하도록 한다. 실제상황노출 연습 중에 내담자는 그 상황에 30-45분간 있도록 하거나 내담자의 불안이 현저하게 감소할 때까지 머무르도록 한다. 내담자의 SUDS 수준이 적어도 50% 감소할 때까지 그 상황에 머무르도록 하는 것이 목표라는 것을 알려준다. 치료자는 내담자가 그 상황에서 벗어났을 때 안도감을 느끼게 되는 것이 목표가 아니라는 점을 유념하도록 한다. 노출연습을 할 때 목표로 하는 불안 수준에 도달할 수 있도록 하루 중 특정한 시간대나 어떤 사람들과 있을 것인가와 같은 상황적 특성을 조절할 수 있다. 예를 들어 마르샤의 경우, 엄마와 함께 쇼핑센터를 갈 때의 SUDS는 60이었지만, 혼자서 갈 때 SUDS는 85였다. 그래서 처음에는 엄마와 함께 쇼핑센터에 가도록 하였고 점진적으로 순위가 높은 상황인 혼자 쇼핑센터에 가는 것으로 진행하게 되었다.

두 번째 예로, 의사인 브라이언은 환자에게 폭행을 당하였는데, 브라이언이 성인 남성 환자를 진찰할 때의 SUDS는 100이었지만 진찰 중에 다른 사람과 함께 있을 때의 SUDS 수준은 60으로 감소하였다.

치료자는 첫 번째 실제상황노출 숙제를 신중하게 결정하여 내담자가 초기 치료에 성공적인 학습 경험 가능성을 극대화시키도록 한다. 내담자에게 실행시키는 최초의 실제상황노출 숙제는 내담자가 어느 정도의 불안감이 경감되는 느낌을 받으면서 성공적으로 완수할 가능성이 높은 상황들을 선택하도록 한다. 이러한 상황은 내담자가 필요하다면 할 수도 있지만 직면하기 어려운 상황을 포함한다. 초기 실제상황노출 숙제를 성공적으로 완수하는 것은 내담자가 노출을 통해 이득을 얻을 수 있다는 것을 학습할 수 있게 함으로써 자신감과 지속적인 참여 동기를 증가시키게 된다.

내담자가 자연적인 상태에서 노출하여 성공적인 경험을 한 것에 대해 논의하는 것도 자신감을 갖게 하는 것에 도움이 된다(예, 자전거 타는 것 배우기, 어두운 곳에서 편안하게 있기, 사람들 앞에서 말하기). 치료자는 이러한 예를 내담자에게 알려줌으로써 내담자가 이전에 이미 성공적으로 노출을 해내었다는 것을 보여줄 수 있다.

실제상황노출 숙제 제시

자, 그럼 실제상황노출 숙제에 앞서 이론적 근거를 간단히 살펴봅시다. 실제상황노출의 목표는 당신의 삶을 힘들게 하는 강한 불안감 없이 외상을 떠오르게 하는 상황에 노출하도록 하는 것입니다. 이 프로그램은 불안과 회피충동을 일으키는 상황에 직면하는 것을 포함합니다. 이것이 잘 이루어지기 위해서 당신은 노출 연습을 많이, 매번 오랫동안 직면해야 할 것입니다.

실제상황노출 순위를 내담자와 함께 살펴보고, 숙제로 할 상황을 결정한다. 숙제로 하나의 상황을 주기보다는 두 개 이상의 상황을 제공하는 것이 좋다.

처음에는 SUDS 수준이 40에서 50 사이의 상황부터 시작한다. 특히 회피적이거나 실제상황노출 숙제에 매우 불안해하는 내담자의 경우에는 성공적인 노출의 기회를 극대화하기 위해 더욱 낮은 수준(25-30 SUDS 수준)에서 시작할 수 있다. 치료가 종결될 즈음에 내담자는 순위에 포함되어 있는 모든 상황들을 반복적으로 연습하도록 한다.

내담자에게 실제상황노출을 학습시키기 위해 치료자는 다음에 제시된 지시문을 따르도록 한다. 연습으로 할 상황들이 정해지면 다음의 대화를 사용하여 내담자에게 절차를 설명한다.

쇼핑센터에서 이 연습을 한다면 심장 박동이 빨라지고, 손바닥에 땀이 나고, 어지러움을 느

끼고, 그 상황을 즉시 벗어나고자 하는 불안증상이 먼저 나타날 것입니다. 하지만 그 공포에서 벗어나기 위해서는 불안이 감소하고, 그 일이 일어날까봐 공포스러워 하는 상황(예, 공격을 당하거나, 미쳐버리는)이 실제로는 발생하지 않는다는 것을 알아차릴 때까지 그 상황에 머무르는 것이 중요합니다. 불안이 적절한 수준 혹은 적어도 50% 정도 감소하게 되면 노출을 멈추고 다른 활동을 시작할 수 있습니다. 하지만 너무 불안해서 그 상황을 벗어나버린다면, 또 다시 그 상황이 위험하다고 생각하고 불안이 영원히 지속되거나 뭔가 끔찍한 일이 나타날 것이라고 스스로에게 말하게 됩니다. 그리고 그 상황을 다시 마주하게 되면 불안 수준은 똑같이 높아질 것입니다.

그러나 만일 그 상황에 머물러 있어도 실제로는 위험한 일이 생기지 않는다는 것을 알아차리게 되면 불안은 감소할 것이고, 결국에는 두려움 없이 상황을 마주할 수 있게 될 것입니다. 목록에 있는 각각의 상황들을 더욱 자주 연습할 수록, 그러한 상황 때문에 불안해지는 것을 더욱 빨리 멈출 수 있게 됩니다. 그렇게 되면 결과적으로 고통스럽게 하는 상황들과 사람들로부터 회피하고 싶은 충동이 감소하게 될 것입니다.

내담자에게 노출 숙제를 연습하면서 워크북에 있는 실제상황노출 숙제 기록지에 SUDS를 기록하는 방법을 알려주도록 한다. 그림 4.4와 4.5에 두 개의 예를 제시하였다. 내담자에게 노출 전과 후, 최고조에 달했을 때의 SUDS 수준을 측정해야 한다는 것을 설명한다.

내담자 : 김〇〇 _____ 날짜 : 8 / 2 / 05

1) 실행한 상황 : 부대 주변을 몇 시간동안 산책하기 _____

날짜 및 시간	SUDS			날짜 및 시간	SUDS		
	전	후	최고점		전	후	최고점
1. 8/3/05 4pm	80	75	85	5.			
2. 8/4/05 10am	30	20	60	6.			
3. 8/8/05 3pm	50	50	70	7.			
4. 8/9/05 4pm	40	25	55	8.			

06년 8월 4일: 혼자 가지 않고 아내와 함께 공원에 갔음 - 어렵지 않게 할 수 있었음

2) 실행한 상황 : 저녁 뉴스 보기 - 전쟁에 관해서 듣기 _____

날짜 및 시간	SUDS			날짜 및 시간	SUDS		
	전	후	최고점		전	후	최고점
1. 8/4/05 6pm	50	60	75	5. 8/8/05 6pm	35	35	50
2. 8/5/05 6pm	55	45	60	6. 8/9/05 6pm	40	35	55
3. 8/6/05 6pm	35	50	55	7.			
4. 8/7/05 6pm	40	40	60	8.			

3) 실행한 상황 : PTSD 그룹회기에 참여해서 말하기 _____

날짜 및 시간	SUDS			날짜 및 시간	SUDS		
	전	후	최고점		전	후	최고점
1. 8/10/05	90	40	90	5.			
2. 8/17/05	80	30	80	6.			
3.				7.			
4.				8.			

그림 4.4_ 참전군인의 실제상황노출 숙제 기록지 작성의 예

내담자 : 이 ○ ○ _____ 날짜 : 2 / 15 / 06 _____

1) 실행한 상황 : 공원에서 강아지 산책시키기 _____

날짜 및 시간	SUDS			날짜 및 시간	SUDS		
	전	후	최고점		전	후	최고점
1. 2/22/06 1pm	60	40	80	5. 2/26/06 2pm	30	30	40
2. 2/23/06 2pm	55	40	60	6. 2/28/06 3pm	30	20	35
3. 2/24/06 6pm	70	50	70	7.			
4. 2/25/06 1pm	40	30	50	8.			

2) 실행한 상황 : 영화보러 가기 _____

날짜 및 시간	SUDS			날짜 및 시간	SUDS		
	전	후	최고점		전	후	최고점
1. 2/25/06 4pm	50	30	75	5.			
2. 2/28/06 7pm	40	30	55	6.			
3.				7.			
4.				8.			

3) 실행한 상황 : 식당에서 남자 동료직원과 이야기하기 _____

날짜 및 시간	SUDS			날짜 및 시간	SUDS		
	전	후	최고점		전	후	최고점
1. 2/22/06 12pm	75	75	90	5.			
2. 2/24/06 12pm	75	60	80	6.			
3. 2/27/06 10am	60	45	60	7.			
4.				8.			

메모 : 지난번 실제상황노출을 했을 때, 어떤 남자와 1시간 이상 앉아서 대화를 하면서 확실히 불안감이 낮아진것을 느꼈지만,

여전히 데이트 신청을 하거나 다른 무언가를 요청할까봐 불안감을 느꼈다.

그림 4.5_ 강간 피해생존자의 실제상황노출 숙제 기록지 작성의 예

숙제 (10분)

- 내담자가 매일 호흡연습을 할 수 있도록 지시한다.
- 내담자가 매주 여러 번 워크북의 일반적인 증상반응 자료를 읽어 보도록 지시한다. 주위 사람들과 이 자료를 공유하도록 안내한다.
- 내담자가 집에서 실제상황노출 순위를 살펴보고 새로운 상황들을 추가하도록 지시한다.
- 내담자가 워크북의 점진적 실제상황노출 모델을 반드시 검토해 보도록 지시한다.
- 내담자가 실제상황 숙제를 하도록 지시한다.
- 내담자가 전체 회기 녹음을 한 번 듣도록 한다.

세 번째 도약
외상기억 첫 번째 직면
: 회기 3

※이 장은 내담자 워크북의 5장에 해당함

제 5 장
세 번째 도약 외상기억 첫 번째 직면 : 회기 3

준비 자료

- 회기 녹음을 위한 녹음기
- 치료자용 상상노출 기록지
- 상상노출 숙제 기록지
- 실제상황노출 숙제 기록지

회기 개요

- 숙제 검토하기(10-15분)
- 이번 회기에서 진행될 목표설정하기(3분)
- 상상노출에 대한 이론적 근거 설명하기(10-15분)
- 상상노출 실시하기(45-60분)
- 상상노출 프로세싱 하기(15-20분)
- 숙제 내주기(5분)

숙제 검토하기 (10-15분)

내담자와 지난주 숙제를 같이 검토한다. 이 때 내담자와 충분히 실제상황노출 숙제 기록지를 살펴보고 SUDS 수준의 변화 혹은 습관화 여부를 파악하도록 한다. 내담자에게 노출숙제를 하는 동안 무엇을 습득하였으며 어떠한 도움을 받았는지 물어보고, 그들의 노력에 대하여 칭찬을 해 주도록 한다. 내담자에게 얼마나 자주 호흡재훈련을 사용하고 워크북 내용 중 외상에 대한 일반적인 증상반응 부분을 읽었는지, 그리고 이것이 지난 한 주간 얼마나 많은 도움이 되었는지 물어본다. 또한 회기 녹음을 듣는 것에 대한 내담자의 반응에 대하여 토론하는 시간을 갖도록 한다.

만약 내담자가 숙제를 해 오지 않았다면 그 이유를 물어보고, 이번 회기 후반부에 숙제를 내주는 시간에 숙제를 어떻게 잘 할 수 있는지에 대하여 더 자세히 이야기 할 것이라고 알려준다.

목표 설정하기 (3분)

내담자에게 이번 회기에 하게 될 계획을 아래와 같이 설명한다 :

지난 회기에서 우리는 당신을 불안하게 하고 화나게 하는 상황에 왜 직면해야 하는가에 대하여 이야기하였습니다. 오늘 우리는 회기의 외상기억을 직면하는 것이 PTSD 증상을 극복하는데 어떻게 도움이 되는지에 대하여 이야기 할 것입니다. 그런 다음 약 45-60분 동안 외상을 다시 떠올려보고 경험하는 시간을 갖도록 할 것입니다. 상상노출 후 프로세싱을 하면서 외상에 대한 생각과 감정에 대하여 저와 함께 논의 할 것입니다. 회기 마지막에는 숙제로 연습해야 할 실제상황 노출과 상상노출 연습에 대해 논의 할 수 있는 시간을 갖도록 할 것입니다.

치료자를 위한 정보

상상노출 혹은 외상기억을 상상하여 떠올리는 것은 내담자가 현재형을 사용하여 외상경험을 소리 내어 말하며 외상사건과 감정적으로 연결하게 하여 시각화하도록 하는 절차이다. 이것은 치료자와 내담자간의 대화를 말하는 것은 아니다. 표준화된 절차는 다음과 같은 목표를 가지고 있다 :

- 외상기억의 모든 핵심적인 측면(예: 사건, 사고, 감정, 신체적 경험 등)에 접근할 수 있도록 내담자의 능력을 향상시키고,
- 외상기억에 대하여 내담자가 감정적으로 몰입하는 것을 촉진시키며,
- 치료자가 내담자에게 최소한으로 지시하고 격려하면서, 내담자가 자신의 언어를 사용하여 기억에 대해 이야기하도록 하기 위해서이다.

치료자는 내담자가 처음 외상기억을 다시 떠올려 이야기할 때에 외상기억에 점진적으로 다가갈 수 있도록 해야 한다. 일반적으로 내담자가 외상경험에 대하여 기술할 때에는 치료자가 지나치게 지시적인 태도를 갖지 않는 것이 좋다. 내담자가 스스로의 통제 하에 외상을 기억해내고 외상과 감정이 잘 연결되도록 프로세싱 하는 것은 매우 중요하다. 그렇기 때문에 내담자가 스스로 속도조절을 하면서 기억을 떠올릴 수 있도록 돕고, 치료자는 차분하고 지지적인 태도를 취하도록 한다.

때로는 내담자가 외상기억을 다시 떠올릴 때 감정적으로 완전히 몰입하지 않으려고 하는 경우가 있다. 치료자는 내담자에게 두렵다고 느껴지는 이미지에 서서히 점진적으로 직면할 수 있다고 알려주도록 한다. 예를 들어, 상상노출의 초반 1-2회기에서는 내담자가 자신의 외상에 대해 얼마나 자세히 이야기할 것인지를 스스로 결정할 수 있도록 할 수 있다. 그러나 이후에 이어지는 상상노출에서는 외상사건동안 발생했던 정서적, 인지적, 신체적 반응을 좀 더 자세하게 기술할 수 있도록 격려하도록 한다.

오래 지속된 외상 및 여러 종류의 외상

하나의 외상사건(예, 오랜 기간의 학대 또는 감금)이 오랜 기간에 거쳐 지속되었거나 여러 종류의 외상사건(예, 반복적인 공격, 아동기 성학대, 여러 차례의 전쟁)을 경험한 내담자의 경우, 어떤 외상기억을 상상노출에서 우선적으로 다룰지 미리 정해야 한다. 일반적으로 현재 가장 많은 고통을 주는 기억을 우선적으로 다룬다. 이 선택과정은 내담자의 외상 이력을 물어보는 첫 번째 회기부터 시작하여 본격적으로 상상노출을 시작하기 이전인 세 번째 회기까지 지속하도록 한다. 만약 어떤 기억부터 다루어야 할 지 확신이 서지 않는다면, 내담자에게 가장 침투적이며 정서적 고통을 주고, 플래시백이나 악몽으로 나타나는 기억이 무엇인지 물어보도록 한다.

대부분의 경우 가장 많은 불안감을 주는 기억을 우선적으로 다루게 되면 이후 덜 자극적인 외상사건을 극복하는 데에 도움이 된다. 그러나 만약 내담자가 극심하게 불안해하거나 '가장 고통스러운' 기억을 다루는 것을 자신없어 한다면, 감당할 수 있는 외상기억을 먼저 선택하도록 한 후, 가장 많은 불안감을 주는 기억을 점차적으로 다루도록 한다. 때로는 가장 고통스러운 기억을 다루었음에도 불구하고 또 다른 기억이 높은 수준의 불안감을 지속적으로 유발시킬 수도 있다. 그러한 경우에는 첫 번째 기억을 다룬 후, 두 번째 기억에 대한 상상노출을 하는 것이 외상사건을 극복하는 데에 도움이 된다. 이것에 대한 자세한 내용은 이번 회기의 '상상노출 실행하기' 부분에서 살펴볼 수 있다.

프로세싱 하기

외상기억에 대한 상상노출을 한 후 치료자는 내담자와 상상노출 경험에 대하여 약 15-20분간 프로세싱 하는 시간을 갖게 된다. 간략하게 말해서, 프로세싱이란 내담자가 외상기억을 떠올리고 그에 대한 반응을 이야기하도록 격려하는 것이고, 외상기억 자체 또는 내담자의 삶에 외상기억이 갖는 의미에 대해 스스로의 감정과 생각에 대해 함께 논의하는 것을 말한다. 상상노출에 대하여 이야기하는 과정은 매우 효과적인 학습 기회를 만든다. 내담자들은 흔히 상상노출 및 실제상황노출을 통하여 새로운 것을 깨닫거나 통찰력을 갖게 된다. 내담자에게 보다 명확하게 기술하고 깨달은 바를 확장하도록 격려함으로써, 스스로 외상에 대해 재평가를 하거나 비현실적인 관점과 기대를 수정하기도 한다.

무엇이 이러한 프로세싱을 촉진시키는지에 대한 가이드라인은 다음과 같다.

내담자가 매우 불안해하거나 심한 정서적 고통을 느끼는 상태에서 회기를 끝내지 않도록 주의한다. 회기 후반부에 내담자가 불안 수준을 완화시킬 수 있는 충분한 시간을 가질 수 있도록 치료회기를 미리 계획하도록 한다. 내담자가 매우 불안해하는 경우 상상노출 후 호흡재훈련을 하는 것이 도움이 될 수 있다. 또는 내담자에게 상상노출 회기를 진행하는 동안 일시적으로 어떤 회기에서는(특히, 초반 회기의 경우) 자극을 많이 받기도 하지만, 또 다른 회기에서는 안도감을 느낄 수 있다는 것을 설명해줄 수도 있다. 마지막으로 상상노출에 대하여 이야기하는 동안 불안과 고통을 느끼는 것은 외상기억에 대한 감정프로세싱이 시작되었다는 것을 의미(즉, 외상에 대한 치유가 시작된다는 의미)한다는 것을 내담자에게 알려주는 것 역시 많은 도움이 될 수 있다. 만약 내담자가 상상노출 초반 회기에 자신의 반응에 대해 많이 불안해한다면, 정서적 지지감을 줄 수 있는 사람을 클리닉에 데려와서 집에 함께 가도록 하는 것도 좋은 방법임을 알려준다.

상상노출에 대한 이론적 근거 (15분)

내담자에게 설명하기

지속상상노출에 대해서 다음의 이론적 근거를 내담자에게 설명하도록 한다 :

오늘 우리는 외상기억을 떠올리는 것에 많은 시간을 사용하게 될 것입니다. 외상경험을 이해하고 받아들인다는 것은 쉬운 일이 아닙니다. 외상은 매우 무섭고 고통스러운 경험이기 때문에, 그 기억을 밀어내거나 피하고 싶어 하는 것은 어쩌면 너무나도 자연스러운 반응일 수 있습니다. "그 일을 더 이상 생각하지 말자; 시간이 지나면 다 괜찮아 질 거야; 그냥 잊어버리면 돼"라고 스스로에게 이야기해 왔을 수도 있고 다른 사람들도 가끔 비슷한 방법들을 사용해보라고 조언했을 것입니다. 또한 친구, 가족, 파트너들이 외상경험에 대해 듣는 것을 불편해하는 모습들 역시 외상에 대해 말하기 어렵게 만들었을 수 있습니다. 하지만 이미 경험했듯이 아무리 외상에 관한 생각을 떨쳐내려 해도 그 경험은 악몽과 플래시백, 그리고 고통스러운 생각과 느낌으로 되돌아올 뿐입니다. 이러한 재경험 증상들은 외상이 여전히 "미해결된 과제"라는 것을 알려주는 신호입니다.

내담자에게 외상사건에 대한 강렬한 이미지와 기억을 마음 속에서 제거해버리는 것은 매우 어려운 일이지만, 그 이미지와 기억에 집중하는 것이 도움이 된다는 점을 강조한다.

어떠한 것에 대한 생각을 마음 속에서 밀쳐내어 제거하려는 것이 오히려 그것에 대한 생각을 강하게 한다는 것을 보여드리겠습니다. 자, 이제 10초 동안 어떤 것이든지 마음속에 떠오르는 것을 생각해 보세요. 단, 한 가지만은 제외하도록 하세요. 어떠한 것을 생각하셔도 좋지만, 분홍 코끼리가 제 머리 위에 떠다니고 있다는 것만은 절대로 생각하지 않도록 하세요. [몇 초가 지날 때까지 기다릴 것] 자, 지금 무엇을 생각하고 있나요? 분홍 코끼리를 생각하고 있지 않나요?

다음은 내담자들이 외상기억을 프로세싱 하는 것이 너무나 중요하지만, 이것이 왜 특히 더 어려운지 이해를 돕기 위한 몇 가지 은유적인 예시이다. 모든 예를 다 사용할 필요는 없으며 가장 잘 이해할 수 있는 한 가지를 내담자에게 알려준다.

외상기억을 프로세싱 하는 것이 중요한 이유를 보다 잘 이해할 수 있도록 예를 들어 설명하겠습니다 :
1. 과식(또는 상한 음식을 먹어서)을 해서 지금 배탈이 나서 구토할 것 같은 상황이라고 가정해 보십시오. 이때의 증상은 음식이 소화될 때까지 계속될 것입니다. 하지만 먹은 음식이 소화된 후에는 금방 편안해질 것입니다. 플래시백, 악몽, 그리고 고통스러운 모든 생각들은 외상기억이 아직까지 소화되지 않았기 때문에 계속 나타나는 것입니다. 오늘부

터 우리는 이러한 불편한 기억에 대한 프로세싱(또는 소화)을 시작할 것입니다. 그래서 더 이상 그러한 기억들이 일상생활을 방해하지 않도록 할 것입니다.

외상기억을 소화하고 프로세싱 하는 것이 어려운 이유를 설명할 수 있는 또 다른 예시는 다음과 같다:

2. 당신의 기억을 많은 파일을 저장해 두는 캐비넷이라고 상상해 보십시오. 과거의 경험들은 적절히 분류되어 각기 적합한 서랍에 정리되었기 때문에 각각의 서랍속 내용의 의미를 쉽게 파악할 수 있습니다. 예를 들면 식당에서 있었던 일에 관한 서랍에는 매번 외식을 할 때마다 이 서랍 속에 그와 관련된 기억들을 저장하게 됩니다. 이는 우리가 식당에서 어떻게 행동을 하고, 무엇을 예측하는지에 대한 내용을 기억하는 방법입니다. 하지만 외상기억은 저장할 수 있는 서랍이 없습니다. 그 이유는 우리가 식당에 갔을 때 자리에 앉은 후 음식을 시키고, 계산서를 받아 돈을 지불하는 것과 같이 그 곳에서 무슨 일이 일어날지를 알고 있지만, 외상경험은 예측할 수 없기 때문입니다. 만약 여러 번 자동차 사고를 당했지만 그 동안은 다치지 않았다고 하더라도, 다음 번 사고에서 어떠한 부상을 당할지는 아무도 모르는 것과 같습니다. 이와 같이 각각의 외상사건은 독특하기 때문에 그 것들을 모두 프로세싱 하기 위해 더 많은 노력이 필요할 수 있습니다. 외상경험으로부터 회복한다는 것은 그것과 연관된 괴로운 감정과 기억들을 조직화하여 장기기억에 저장할 수 있는 서랍을 찾아 넣는 것이며, 이렇게 함으로써 일상생활을 계속 이어나갈 수 있도록 하는 것입니다.

다음의 예시는 내담자가 자신의 외상을 항상 생각하고 있다고 말하면서 외상사건을 반복적으로 떠올리는 것이 왜 유용한지 묻는 내담자에게 특히 도움이 될 수 있다:

당신의 뇌가 문단, 쪽, 그리고 장으로 구성된 책과 같이 서론, 본론, 그리고 결론으로 구성되어 있다고 상상해 보십시오. 그 책은 어떤 이야기를 시작부터 끝까지 모두 담고 있습니다. 그러나 외상사건을 떠올리는 것을 회피해 왔기 때문에 당신은 그 책을 처음부터 끝까지 읽어본 적이 없습니다. 플래시백을 경험할 때마다 해당 경험이 기록되어 있는 책의 한 부분이 펼쳐지지만, 그렇게 펼쳐진 책은 고통을 불러일으킵니다. 그래서 스스로에게 "나는 이 책이 싫어"라고 말하며 덮어버리려고만 했습니다. 다음 번 플래시백이 다시 나타났을 때에도 똑같은 행동을 반복하게 됩니다. 이러한 과정이 반복되면서 그 책에 정확히 무엇이 적혀있는지 읽어 보지 않게 됩니다. 상상노출 과정에서 우리는 그 책의 내용을 처음부터 끝까지 함께 읽어볼 것입니다. 이를 통해 무서운 외상사건이 일어나고 있는 과거에서 빠져 나와 지금 이 시점에서 외상사건을 바라보고 그것이 갖고 있는 의미가 무엇인지 알아볼 수 있는 기회를 갖게 됩니다. 다시 말하면 우리는 당신에게 일어난 고통스러운 사건에 대하여 올바르게 이해할 수 있도록 도움을 주게 된다는 것입니다.

내담자에게 외상기억을 프로세싱 하는 것이 왜 어려운가에 대한 설명을 한 후, 반복적 상상노출이 어떻게 그 기억들을 프로세싱 하는가에 관한 이론적 근거를 다음과 같이 설명하도록 한다.

지금부터 당신을 괴롭게 하는 기억들을 떠올리고 그것에 대하여 이야기하는 것이 그 기억들을 프로세싱 하고 PTSD 증상을 극복하는데 어떻게 도움이 되는지에 대하여 이야기할 것입니다.

첫 번째로, 반복적으로 기억을 이야기하게 되면 그 기억들을 조직화하고, 외상사건 동안 그리고 그 후에 어떠한 일이 일어났는지를 새로운 시점에서 바라볼 수 있도록 해 줍니다. 또한 외상을 반복적으로 떠올리는 것은 외상사건을 '기억하는 것'과 '실제로 다시 외상을 경험하는 것'의 차이를 구별할 수 있게 해줍니다. 대부분의 PTSD 내담자들은 외상을 떠올리거나 그것에 대해 이야기할 때 마치 그 사건이 또 다시 일어나는 것 같이 느낀다고 합니다. 여러분도 때때로 그렇게 느끼시나요?

내담자의 경험에 대하여 간단하게 논의한다.

이와 같이 '기억하는 것'과 '실제로 다시 외상을 경험하는 것' 사이에서의 혼란이 PTSD 내담자들이 외상을 기억할 때 왜 그렇게 불안해하고 고통스러워하는지를 설명해줍니다. 공포는 우리가 위험에 처했다고 느낄 때 경험하는 감정입니다. 그러나 2-3년 전에 발생한 외상사건을 기억하는 것은 위험한 일이 아닙니다. 하지만 외상사건을 기억할 때, 그 사건을 또 다시경험하는 것처럼 느낀다면 지금 불안해지는 것은 당연한 것입니다. 외상기억을 지속적으로 떠올리는 것은 현재(외상사건 기억)와 과거(외상사건 경험)의 차이를 명확하게 해줄 것이며, 그로 인해 외상기억은 더 이상 당신을 불안하게 하거나 고통스럽게 하지 않을 것입니다. 세번째로, 외상경험에 대한 반복적 상상노출은 불안을 감소시켜주는데, 이것을 우리는 습관화라고 부릅니다. 습관화가 이루어지면 불안은 영원히 지속되는 것이 아니라는 것을 학습하게될 것입니다. 네 번째로, 반복적으로 상상 속에서 기억을 떠올리는 것은 실제 외상사건은 그와 유사한 사건과 다르다는 것을 알려줍니다. 그 결과로 외상적 상황과 비슷해 보이지만 실제로는 안전한 상황에 공포감이 일반화(generalization)되는 것을 감소시켜 줄 것입니다. 예를 들면, 강간 피해 여성은 가해자를 연상시키는 모든 남성에게 두려움을 느끼고 공포 감정을 일반화시킬 수 있습니다. 하지만 특정 가해자를 반복적으로 상상함으로써 실제 가해자(예, 파란눈을 가진 남성)와 그 외 남성들의 차이점을 볼 수 있게 되고 이 과정에서 일반남성에 대한 두려움이 감소하게 됩니다. [중요한 점: 내담자의 실제 외상을 예시로 사용하여 상상노출이 어떻게 일반화 시키는 것을 감소시키게 되는지 설명한다.]

마지막으로, 반복적으로 기억에 대하여 말하는 것은 스스로에 대한 통제력과 자신감을 높여줍니다. 당신이 두려움을 피하지 않고 공포를 제어할 수 있을 때 계속해서 자신에 대해 더좋은 감정을 느끼게 됩니다. 자기 자신을 통제할 수 있게 되면 원할 때에는 외상기억을 하고, 원치 않을 때에는 떠올리지 않는 것을 스스로 선택할 수 있게 될 것입니다.

내담자에게 요약하여 다시 한 번 설명한다 :

 즉, 상상노출의 목표는 당신이 외상사건을 떠올리고 그것에 대해 이야기할 수 있게 하며, 현재 일상생활에 방해가 될 정도의 강렬한 불안을 경험하지 않으면서 외상사건과 연관된 촉발요인들을 찾는 것입니다. 치료과정 중 이 부분은 불안과 회피를 유발하는 외상과 연관된 기억들을 직면하는 것을 포함합니다. 치료가 효과적으로 이루어지기 위해서는 우리는 이 과정을 매 회기마다 많은 시간을 할애하여 반복적으로 시도할 것입니다.

정리해 보면, 상상노출에 대한 이론적 근거는 다음의 다섯 가지 요소로 요약할 수 있다.

 1. 외상기억의 프로세싱과 조직화하기
 2. 외상사건의 '기억'과 '실제 외상 재경험'을 구별하기
 3. 습관화 촉진하기
 4. 외상사건과 그와 유사한 사건 구별하기
 5. 숙련감과 통제감 증진하기

상상노출 실시하기 (45-60분)

내담자에게 설명하기

 우선 내담자에게 상상노출의 절차에 대하여 내담자에게 설명한다. 내담자가 어느 정도의 두려움을 갖는 것은 일반적이므로 안심을 시키고 다음과 같이 설명해주도록 한다:

 저는 당신에게 외상기억을 떠올려보라고 할 것입니다. 기억을 떠올리는 시점은 실제 외상 사건이 일어나기 조금 전입니다. 바로 그 지점에서 시작하여 그 이미지 상황 속으로 들어가

(감정적) 연결을 하도록 하겠습니다. 그러니까 상황이 심각해지고 두려워지기 몇 분 전 시점에서 이야기를 시작하도록 합니다. 시작점을 찾으셨다면 그 위험이 종료되거나 그 상황에서 벗어난 순간까지 이야기를 계속 하십시오. [중요한 점: 내담자가 다음 단계로 진행하기 전 시작점과 종료점을 상의하여 선택하도록 한다.]

주의분산이 되지 않도록 눈을 감도록 합니다. 고통스런 기억을 가능한 생생하게 떠올려 마음의 눈으로 상상하여 그 장면을 회상하도록 합니다. 우리는 이 과정을 외상기억 다시 떠올리기라고 부릅니다. 이 경험을 과거형으로 말하기보다는 그 일이 마치 지금 여기에서 일어나고 있는 것처럼 현재형으로 이야기하도록 하십시오. 눈을 감고 스스로 감당할 수 있는 수준에서 기억하는 모든 외상사건 당시 무슨 일이 있었는지 상세하게 이야기하도록 합니다. 우리는 이것을 같이 하도록 할 것입니다. 만일 심한 불편감이 들기 시작하거나 그 이미지를 떨쳐버리거나 피하고 싶어지면, 그 곳에 머물러 있을 수 있도록 도와드릴 것입니다. 외상을 경험하는 중간 중간에 불안 수준을 0에서 100까지의 주관적 불편감 단위(SUDS) 척도로 물어볼 것입니다. 그때에는 과거 그 외상사건 당시의 불안수준이 아닌 지금 이 순간의 불안수준을 가능한 빨리 대답하셔야 합니다. 가능한 오랫동안 상상노출 속에 있도록 하는 것이 중요하기 때문에 한 차례 그 외상에 대한 이야기를 마친 다음에는 휴식없이 곧바로 상상노출을 다시 시작하게 될 것입니다. 한 회기동안 이 과정을 여러 번 반복할 것이고, 그 횟수는 기억을 살펴보는데 걸리는 시간에 따라 달라질 것입니다. 고통스럽더라도 외상기억을 멀리 밀쳐내지 않는 것이 매우 중요합니다. 비록 기억하는 내용이 고통스럽게 느껴지더라도 기억 자체는 위험한 것이 아님을 반드시 기억하십시오. 저는 상상노출이 끝날 때까지는 당신의 반응에 대해 별로 언급을 하지 않을 것입니다. 하지만 상상노출을 마친 후에 우리는 충분한 시간을 갖고 노출을 하는 동안 경험한 것을 이야기 할 것입니다. 시작 전에 질문 있으십니까?

내담자의 질문에 대답을 해 주도록 한다. 그러나 내담자가 상상노출을 바로 시작하지 않으면 오히려 불안해 할 수 있으므로 곧바로 상상노출을 시작하도록 한다. 내담자가 45-60분 정도 중단하지 않고 외상기억에 대해 이야기할 수 있도록 한다. 내담자가 한 번의 노출을 마쳤을 때에 "정말 잘 하고 계세요! 자, 이제 다시 처음으로 돌아가도록 합니다. 길을 걸어가고 있습니다. 지금 무슨 일이 벌어지고 있는지 이야기 해 주세요"와 같이 내담자가 외상기억에 대해 이야기하는 것으로 바로 돌아갈 수 있도록 한다.

중요한 점: 상상노출을 시작하기 직전 이 부분을 따로 녹음하여 내담자가 집에서 따로 들을 수 있도록 한다. 이렇게 하면 내담자가 집에 돌아가서 해당 녹음음원을 쉽게 찾을 수 있다. 내담자의 상상노출이 모두 끝난 후에는 회기 녹음음원으로 다시 돌아가 이어서 프로세싱 내용과 숙제 설명을 녹음하도록 한다. 즉, 세 번째 회기부터 마지막 회기 이전까지 매 회기마다 두 개의 음원을 녹음하도록 한다. 하나는 회기녹음으로써 회기 초반부와 후반부 내용이 담겨있고 또 하나는 외상기억에 대한 내담자의 상상노출 내용이 담겨있게 된다.

치료자용 상상노출 기록지를 사용하여 내담자의 SUDS를 매 5분마다 기록하고 내담자가 말한 것에 대한 메모를 적거나 중요하다고 판단하여 이후에 논의하고자 하는 것을 메모하도록 한다. 이 기록지는 복사를 하거나 Treatment *That Work*™ 웹사이트(www.oup.com/us/ttw)에서 다운받을 수 있다. 상상노출을 시작한지 약 45-60분이 지나면 내담자에게 눈을 뜨라고 하면서 다음과 같이 마무리하도록 한다. "자, 여기에서 멈추도록 하겠습니다. 천천히 눈을 뜨십시오. 아주 잘 하셨습니다. 이제 이 상상노출이 어떠하였는지 이야기해 보도록 합시다."

치료자용 상상노출 기록지

내담자 이름 : _____

치료자 : _____ 날짜 : _____

노출 # : _____ 회기 : _____

상상 속에서의 노출에 대한 정의 : _____

_____

_____

시작시간	SUDS	Notes
시작할 때	_____	_____
5 분	_____	_____
10 분	_____	_____
15 분	_____	_____
20 분	_____	_____
25 분	_____	_____
30 분	_____	_____
35 분	_____	_____
40 분	_____	_____
45 분	_____	_____
50 분	_____	_____
55 분	_____	_____
60 분	_____	_____

상상노출 시 치료적 코멘트 (COMMENT)

상상노출을 하는 중에 치료자는 내담자와 대화를 하지 않는 것이 중요하나, 짧은 격려의 표현을 중간에 한 번씩 함으로써 내담자의 곁에 같이 있다고 알려주는 것은 도움이 된다. 내담자에게 도움이 될 수 있는 지지적 코멘트의 예는 다음과 같다 :

1. 지금 잘 하고 계십니다. 그 이미지에 머무르십시오.
2. 정말 잘 하고 있어요. 조금만 더 노력해 보십시오.
3. 잘 하고 있으니 그 감정에 머무르십시오.
4. 기억하는 것은 외상사건과 달리 위험한 것이 아닙니다.
5. 많이 힘들 것이라는 걸 잘 알고 있습니다. 그렇지만 정말 잘 하고 계세요.
6. 이미지에 머무르십시오. 당신이 있는 이곳은 안전한 곳입니다.

상상노출을 할 때 내담자의 외상기억을 프로세싱 하도록 돕는 방법

PE 치료가 진행되면서 치료자는 내담자가 외상사건을 떠올려 이야기하는 동안 간결하고 구체적인 질문을 던짐으로써 외상사건이 발생했을 때의 생각이나 감정, 신체적 반응에 대해서 탐색하기 시작할 것이다. 다음은 상상노출을 하는 동안 내담자가 공포를 유발하는 단서에 직면하는 것을 촉진하기 위해 사용할 수 있는 질문 항목들이다 :

- 어떤 느낌이 듭니까?
- 무슨 생각을 하고 있습니까?
- 어떤 냄새가 납니까?

- 그것은 어떻게 생겼습니까?
- 신체적 느낌이 있나요?
- 신체 중 어느 부분에서 느껴집니까?

주의 : 만약 내담자가 스스로 이러한 정보를 포함하여 외상사건을 이야기할 수 있다면, 위와 같은 질문을 따로 하지 않도록 한다.

치료가 진행되면서 치료자는 내담자가 이야기를 할 때 가장 많은 불안감을 느끼거나 고통스러워 하는 부분을 확인하기 시작해야 한다. 이러한 기억을 "핫스팟(Hot Spot)"이라고 부르는데, 이 핫스팟 기억을 내담자가 한 회기에 반복적(약 6-12회 정도)으로 이야기하도록 할 것이다. 자세한 내용은 다음 장에서 다루도록 할 것이다.

대부분의 내담자들은 종결회기로 가면서 상상노출을 할 때의 SUDS 수준이 20-30정도로 떨어지고 최종적으로는 10-20수준으로 낮아지는 것을 기대할 수 있다. 하지만 몇몇의 내담자의 경우 치료과정 내내 SUDS 수준이 보통보다 높은 수준으로 유지되기도 한다. 이와 같은 경우 치료자는 내담자가 호전을 보이는 다른 징후(예, PTSD와 우울 증상의 감소 혹은 치료 초반보다 낮은 정서적 고통 수준 등)에 주목하고, 높은 수준의 SUDS와 그 외 정서적 고통의 징후간의 차이점에 대해 내담자와 함께 논의하도록 한다. 또한 필요하다면 SUDS 수준을 재보정(recalibrate) 한다. 예를 들어, 아홉 번째 회기에서 한 내담자의 PTSD 증상들이 상당히 많이 감소되었음에도 불구하고 70-80 정도의 SUDS 수준을 보고했다면 치료자는 내담자에게 SUDS 80 수준은 치료과정 초반에 내담자가 복잡한 백화점에 혼자 갔을 때 스스로의 불안감을 평가한 수치임을 상기시켜 주도록 한다. 그리고 나서 내담자에게 회기 초반부에 복잡한 장소에 갔을 때와 동일한 수준의 불안을 상상노출 동안 느꼈는지 물어보도록 한다.

상상노출 프로세싱 하기 (15-20분)

초기 치료회기를 시작할 때 외상기억을 상상노출을 통해 떠올리고 이야기하는 것은 정서적으로 고통스럽고 힘든 일이다. 그렇기 때문에 상상노출을 프로세싱 할 때 내담자가 자신의 고통스러운 기억을 직면하여 이야기하는 것에는 많은 용기가 필요하다는 것을 인지하고 이들이 성취한 것에 대해 긍정적인 피드백과 칭찬을 해 주도록 한다. 예를 들면, "좋아요. 오늘은 여기서 멈추도록 하겠습니다. 아주 잘 하셨습니다." 또는 "이 일이 매우 고통스러울 수 있다는 것을 저도 잘 압니다. 그렇지만 오늘 그 기억 속에 잘 머물러 계셨어요. 용기 있게 잘 하셨습니다."라고 말해 주도록 한다. 만약 내담자가 상상노출 종료 시 매우 고통스러워하거나 울음을 터트렸다면 치료자가 가장 우선적으로 해야 하는 것은 그들을 진정시키고 덜 고통스러운 상태로 돌아갈 수 있도록 하는 것이다. 이 때 내담자들이 천천히 몇 분간 천천히 호흡하도록 하는 것도 도움이 될 수 있다. 치료자는 내담자의 정서적 상태와 필요에 따라 적절한 지원을 해야만 한다.

내담자에게 긍정적 피드백을 한 후 내담자와 함께 상상노출 경험에 대해 이야기하는 프로세싱을 시작하도록 한다. 일반적으로 개방형 질문을 사용하여 내담자의 상상노출에 대한 생각과 감정을 기술할 수 있도록 한다. 예를 들어, "어떤 느낌이 드십니까?", "무슨 생각이 들었습니까?" 또는 "좀 어떠셨나요?"와 같은 질문을 하도록 한다. 가능한 내담자가 상세히 응답할 수 있도록 해야한다. 프로세싱 과정에서는 내담자가 외상을 떠올렸을 때 자신의 인식과 감정상태를 자세히 이야기할 수 있도록 격려하고, 그들의 삶에서 외상의 의미가 무엇이었는지를 분명하게 표현하는 것에 중점을 두어야 한다. 논의 중에는 내담자가 외상사건과 PTSD 증상에 관한 맥락을 염두에 두면서 자신의 감정과 생각, 그리고 행동을 중성화시켜 자신의 증상반응들을 이해하고 수용할 수 있도록 도와주도록 한다.

프로세싱 과정에서 회기 내 그리고 회기 간에 나타난 내담자의 정서적 고통이 습관화되는 패턴을 자각할 수 있도록 돕는다. 즉 "불안 수준에 변화가 있었나요?"와 같이 물어볼 수 있다. 만약 내담자의 불안이 상상노출동안 감소하였다면, 내담자에게 "그것 보세요, 우리가 이전에 이야기했듯이 기억

속에 머물러 있으면서 견뎌내면 불안이 줄어듭니다", "저는 처음 회기 때보다 불안이 훨씬 많이 낮아졌다는 것을 자각했으면 합니다. 어떻게 이런 결과가 나왔을까요?", "지난 회기 시간에 고통스러운 기억을 떠올렸을 때보다 오늘 훨씬 안정되어 보이고 SUDS 수준 역시 많이 낮아졌어요. 이런 상황에 직면하면 할 수록 불안은 더 줄어들게 됩니다. 이전에 느꼈던 것과 비교해 볼 때, 지금도 많이 불안하신가요?"

만약 내담자의 불안이 상상노출 중 낮아지지 않았다면, 이것은 정상적인 반응으로 아직까지 습관화가 이루어지지 않았을 뿐이라는 것을 알려주면서 다음과 같은 긍정적인 피드백을 하도록 한다: "오늘 상상노출을 하면서 매우 불안해했습니다. 하지만 외상기억에 머물러 있었고, 감정과의 연결을 끊지도 않았으며 그것을 말로 잘 설명하셨습니다. 지금은 이 일을 해낼 거라는 확신을 갖지 못할 수도 있어요. 그러나 그것 역시 좋은 것입니다.", "외상기억을 떠올리는 첫 회기에서는 불안이 줄어들지 않는 경우가 많습니다. 그러나 우리의 연구와 임상경험에서 나온 결과를 보면 회기 내 습관화가 반드시 그 결과를 예측하는 것은 아닙니다. 우리가 할 수 있는 일은 이렇게 계속 노출을 하는 것입니다.", "정말 잘 하셨어요! 오늘 불안이 많이 줄어들지 않고 SUDS 수준이 높아서 실망하셨을 겁니다. 그러나 오늘 우리의 과제인 외상기억에 접근하여 그 기억의 일부인 감정 및 생각에 몰입하는 것을 성공적으로 해내셨습니다. 이것 자체가 외상 프로세싱 과정에 있어 중요한 첫 걸음을 내디딘 것입니다."

상상노출 중 내담자는 부정적인, 도움이 되지 않거나 비현실적인, 혹은 부정확한 신념을 반영하는 생각이나 감정을 표출하기도 합니다. 예를 들면, 한 내담자는 자신의 남자친구와 그의 친구들로부터 집단 성폭행을 당했는데, 스스로 "만약 내가 그 때 그들과 성관계를 하는 것이 싫다고 말했더라면 그들이 중단했을 텐데."라고 말합니다. 이러한 진술이 과연 옳은 것인지 내담자에게 다음과 같은 질문을 함으로써 탐색해 나갈 수 있다. "그들이 당신이 성폭행 당하는 것을 원치 않는다는 것을 몰랐을 것이라고 생각하는 이유가 무엇인가요?"

혹은 내담자가 자신의 관점이 좀 더 현실적이며 적절한 방향으로 바뀌고 있는 것을 반영하는 말을 할 수도 있다. 앞서 언급한 내담자를 다시 한 번 예로 들면, 치료회기와 숙제로 회기 녹음을 몇 번 들은 후 그녀는 "나는 내가 그들과 맞서 얼마나 저항했었는지 지금까지는 깨닫지 못했어요. 그들은 내가 그들과 성관계를 갖고 싶지 않았다는 것을 분명히 알고 있었어요."라고 말하였다. 내담자가 이와 같은 말을 하였다면, 치료자는 내담자가 새로 얻은 통찰을 좀 더 이야기 할 수 있도록 다음과 같이 격려하도록 한다: "그것에 대해 좀 더 이야기 해 보세요", 또는 "정말 중요한 말씀을 하신 것 같아요. 성폭행 사건 당시 당신의 행동에 대해서 지금은 어떤 생각을 가지고 계신가요?" 내담자가 어떻게 생각하고 느껴야 하는지 직접 말로 알려주는 것은 삼가고, 그 대신 질문을 통하여 자신의 관점에 변화가 일어나고 있다는 것을 구체적으로 말할 수 있도록 도와주도록 한다.

프로세싱 과정에서 치료자가 중요하게 다루어야 하는 또 다른 부분은 내담자가 자기 자신과 타인, 세상 및 외상과 그 이후 발생한 일에 대한 자신의 대처능력을 지나치게 비현실적이거나 과도하게 부정적으로 묘사하는지를 살펴보는 것이다. 노출과정에서 나타나는 이러한 문제를 잘 탐색하도록 한다. 1 장에서 자세하게 언급되었듯이, 그와 같은 부정적인 인지들은 만성적 PTSD의 기저를 이루고 있고, 감정프로세싱의 목표는 내담자가 새로운 정보를 통합하여 외상기억의 비현실적이며 병리적 측면을 수정할 수 있도록 하는 것이다. 이러한 목표는 내담자가 세상이 항상 위험한 곳이 아니며 내담자 역시 고통스러운 기억과 상황을 성공적으로 대처할 수 있는 능력이 있다는 것을 상상노출과 실제상황노출을 통해서 달성하는 것이다. 그러므로 치료자는 내담자가 새롭게 깨달은 것을 언어를 사용하여 더욱 구체적으로 기술 할 수 있도록 이끌어 주어야 한다.

앞서 언급한 내담자의 경우, 상상노출 이후 그녀는 자신이 성폭행을 미리 예측하지 못했고, 자신의 데이트 상대가 자신을 강간할 사람이라는 것을 미리 알지 못했다는 것을 자책하였다. 이 때 치료자는 "당신은 그와 같은 폭력을 당할 것이라는 것을 몰랐다는 것에 대해 스스로를 비난하고 있군요. 어떻게 당신이 그 폭력을 미리 예측할 수 있을까요?", "그 폭력을 미리 예상하지 못했다는 것에 대해 스스로를 비난하는 것이 당신에게 어떻게 도움이 될까요? 아니면 얼마나 당신을 고통스럽게 하나요?",

또는 "우리가 첫 번째 회기에서 무엇이 PTSD 증상을 지속시키는가에 대해 이야기했던 것을 기억하세요? 많은 요인 중 하나는 바로 외상과 관련된 자기 자신이나 다른 사람들에 대해 도움이 되지 않거나 부정적인 신념을 갖는 것입니다. 혹시 스스로 생각하기에 이러한 신념이 있는 것 같나요?"와 같이 질문하도록 한다.

요약하면, 상상노출 프로세싱 과정에서 치료자는:

- 내담자가 고통스러운 기억을 스스로 직면할 수 있는 능력과 용기가 있다는 것을 인식하고 이에 대한 긍정적인 피드백을 해 준다.
- 필요할 때 지원을 하고 차분함을 유지하도록 돕는다.
- 상상노출을 통해 외상경험을 떠올리는 것에 대한 내담자의 생각과 감정을 표출할 수 있도록 한다.
- 외상사건 동안 그리고 이후의 내담자의 반응과 행동을 중성화하고 이를 스스로 이해할 수 있도록 돕는다.
- 회기 중 혹은 회기와 회기 사이에 관찰된 습관화에 대해 말해준다.
- 내담자가 자신의 외상기억을 떠올려 이야기한 것에 대한 자신의 생각과 감정을 서술한 후, 치료자는 내담자가 상상노출에서 관찰한 것들에 대해 이야기하도록 한다. 내담자의 감정 반응 중 특별히 중요하거나 의미 있다고 생각되는 부분에 대해 질문하도록 한다.
- 치료가 진행되는 동안 내담자의 PTSD 증상을 지속시키는 도움 되지 않는 부정적 사고 또는 신념이 발견되면 상상노출 후 프로세싱 과정에서 그러한 사고와 신념을 중점에 두고 논의한다.
- 개방형 질문을 사용하여 내담자의 생각을 촉진시키도록 한다. 내담자가 외상을 어떻게 바라보고 어떻게 느껴야 하는지 직접적으로 말하지 않도록 한다.

다음은 프로세싱 과정(특히, 후반부 치료회기)에서 사용할 수 있는 유용한 질문이다.

- 언제부터 그 외상사건을 이런 식으로 보게 되었나요?
- 이런 방식으로 생각할 때 어떤 느낌이 드셨나요?
- 만약 당신의 딸/여자 형제/친구가 이런 식으로 생각한다면, 그들에게 어떤 말을 해줄 것 같나요?

만성적 PTSD를 겪는 내담자들은 외상사건이 일어났을 때 스쳐지나간 생각들보다는 회상사건 이후 형성된 외상에 대한 관점으로 인해 더 많은 고통을 받는다. 그러한 외상 이후의 생각을 밝혀내기 위해 내담자에게 다음과 같은 질문을 하는 것이 유용하다.

• 이런 일이 벌어진 것이 당신에게 어떤 의미가 있나요?
• 이 외상사건이 당신에 관해 무엇을 말해주나요?

또한 내담자의 PTSD 증상에 대한 스스로의 평가에 대해서는 다음과 같이 질문할 수 있다.

• 왜 최근에 당신에게 PTSD가 나타났다고 생각하나요?
• 이와 같은 증상들이 당신에 관해서 무엇을 말해주나요?
• 당신의 증상이 우리가 배운 외상에 대한 일반적 증상반응과 얼마나 일치합니까?
• 이러한 방식으로 당신을 생각하는 것이 어떻게 느끼게 만드나요?

상상노출 동안 치료자가 부딪칠 수 있는 문제점들

어떤 내담자는 자신의 감정을 표현하는 것을 어려워하기도 하고 울음을 그칠 수 없을 것이라고 생각해서 우는 것을 두려워하기도 한다. 또 자신의 통제력을 유지하기 위해 상상노출을 하는 동안 회피행동을 보일 수도 있다. 예를 들면, 충돌 직전의 자동차, 강도의 얼굴, 또는 무기의 위협 이미지 등과 같은 극단적으로 혼란스럽게 하는 기억을 회피하면서 침묵하거나 고개를 좌우로 흔들 수도 있다. 반대로 어떤 이들은 상상노출에 과도하게 몰입하여 감정에 압도되거나 통제 불능상태에 이르기도 한다. 이러한 내담자의 경우에는 그들이 지금 안전한 장소에 있고 치료자와 함께 있다는 것을 상기시켜 주며, 내담자가 재경험하는 것은 단지 외상기억이지 그것이 실제로 일어나는 것이 아니라는 것을 상기시켜주도록 한다. 이러한 문제점들을 극복할 수 있는 수정절차에 대해서는 8장에서 상세히 다루게 될 것이다.

사례 : 상상노출 시작하기

다음 사례는 상상노출 장면을 떠올리는 것에 불편감을 느끼는 내담자를 도와주는 방법을 보여 준다.

T : 상상노출을 시작하기 전에 질문이 있으신가요?

C : 아니요.

T : 약간 불안해 보이는데, 지금 기분은 어떠신가요?

C : 사실 저는 너무 무서워요. 저는 경찰에게만 그 이야기를 했었고 그 외에 어느 누구에게도 말해 본 적이 없어요.

T : 이것을 한다는 생각만으로도 공포스러울 수 있다는 것을 잘 압니다. 사실 이것을 칭하는 용어 가 따로 있는데, 미리 공포를 느낀다고 하여 예기불안(Anticipatory Anxiety)이라고 말합니다. 제 가 습관화에 대해 어떻게 이야기했는지 기억하고 있으신가요? 결국 외상을 떠올리고 그것에 대해 이야기하는 것은 점점 쉬워질 것입니다. 하지만 편안해지는 순간까지 갈 수 있는 유일한 방법은 반복적인 훈련밖에 없습니다. 처음에는 외상을 떠올리는 것이 불안을 초래시킬 뿐 아니 라, 사실 더 고통스러울 수 있습니다. 그러나 이것은 당신의 외상이 프로세싱 되고 소화되고 있 다는 신호입니다. 제가 당신을 돕기 위해 여기 있다는 것을 반드시 기억해 주셨으면 합니다. 이 치료법은 많은 외상 생존자들에게 도움이 되었으며, 시간이 갈수록 점점 더 쉬워진다는 것을 잊지 마십시오. 그러므로 더 이상 미루지 않도록 합시다. 마음 속 상상의 눈을 뜨고 [외상사건 당시의 시간과 장소]로 돌아가 무슨 일이 벌어지고 있는지 말해 주십시오.

내담자 : 김○○   날짜 : 9 / 8 / 05

지침 : 상상노출 녹음을 듣기 전후의 주관적 불편감 단위(SUDS)를 기록하십시오. 0부터 100까지 기록할 수 있고, 불편감이 전혀 없다면 0으로, 불편감이나 불안감, 공포가 최고조일 때는 100으로 표시합니다.

녹음 # : 7 (네 번째 노출 - 핫스팟)

날짜 및 시간	9/9/05 7pm	9/10/05 5pm	9/11/05 4pm	9/12/05 10am
SUDS 전	50	50	40	30
SUDS 후	40	30	35	30
SUDS 최고점	50	55	40	50

날짜 및 시간	9/13/05 7pm	9/14/05 5pm		
SUDS 전	30	30		
SUDS 후	20	20		
SUDS 최고점	50	35		

그림 5.1_ 참전군인의 상상노출 숙제 기록지 작성의 예

내담자 : 이〇〇   날짜 : 3 / 1 / 06

지침 : 상상노출 녹음을 듣기 전후의 주관적 불편감 단위(SUDS)를 기록하십시오. 0부터 100까지
     기록할 수 있고, 불편감이 전혀 없다면 0으로, 불편감이나 불안감, 공포가 최고조일 때는
     100으로 표시합니다.

녹음 # : 1 (첫 번째 노출)

날짜 및 시간	3/2/06 7pm	3/3/06 5pm	3/4/06 4pm	3/5/06 10am
SUDS 전	80	80	70	40
SUDS 후	70	70	50	60
SUDS 최고점	90	80	75	65

날짜 및 시간	3/7/06 7pm	3/8/06 5pm		
SUDS 전	50	40		
SUDS 후	40	30		
SUDS 최고점	60	40		

그림 5.2_ 강간피해생존자의 상상노출 숙제 기록지 작성의 예

숙제 (5분)

- 내담자가 하루에 한 번 상상노출 회기 녹음을 듣도록 지시한다. 내담자가 방해 받지 않은 시간을 선택하도록 하고 중간에 끊지 않고 처음부터 끝까지 녹음을 들어야 한다는 것을 알려준다. 내담자는 자리에 앉아 눈을 감고 녹음내용을 들으며, 그 내용을 마음 속에 그려야 한다. 이 숙제의 목표는 회기 녹음을 듣는 동안 자신의 느낌에 정서적으로 몰입하는 것이라는 것을 알려준다. 만약 내담자가 혼자 있는 공간이 없다면, 자신의 사생활을 지키기 위해 헤드폰을 사용하는 것을 권하도록 한다. 잠자기 전에 녹음을 듣는 것은 수면을 방해하거나 악몽을 꾸게 할 수 있으므로 내담자에게 미리 주의를 준다. 또한 다른 사람들이 내담자의 녹음내용을 듣지 않도록 조심시킨다.
- 상상노출 녹음을 들을 때 내담자는 워크북에 있는 상상노출 숙제 기록지를 사용하여 SUDS 수준을 기록하도록 한다.
- 내담자가 다음 주에 어떤 실제상황노출 연습을 할 것인지 내담자가 선택할 수 있도록 도와준다. 내담자는 매일 실제상황노출 연습을 해야 하며, 습관화될 때까지 반복적으로 연습을 하고, 점진적으로 높은 SUDS 수준의 상황으로 올라가도록 한다.
- 내담자가 회기 녹음을 한 번 듣도록 지시한다.
- 내담자가 다음 회기 전에 조금 일찍 와서 자기 보고형 설문지를 작성해야한다고 알려준다.

중반부 도약
외상기억 프로세싱 하기
: 회기 4 – 마지막 회기

※이 장은 내담자 워크북의 7장에 해당함

제 6 장
중반부 도약 외상기억 프로세싱 하기 : 회기 4 – 마지막 회기

준비 자료

- 회기 녹음 및 상상노출 녹음을 위한 녹음기
- 치료자용 상상노출 기록지
- 상상노출 숙제 기록지
- 실제상황노출 숙제 기록지
- 매 2 회기마다 한 번씩 PTSD 증상과 우울증상 측정을 위한 자기 보고형 기록지(예, 회기 4, 6, 8, 10)

회기 개요

- 숙제 검토하기(10분)
- 회기 목표 설정하기(3분)
- 상상노출 30-45분간 실행하기
- 회기 5-9(또는 마지막 종결회기에 가까운 후반부 회기)부터는 치료가 진행됨에 따라 점진적으로 '핫스팟'에 더욱 초점을 맞추도록 한다. 핫스팟과 연관된 불안이 충분히 감소한 후에 전체 기억을 다시 떠올려 이야기하도록 한다. 마지막 회기까지 같은 방식으로 하도록 한다.
- 상상노출 진행하기(15-20분)

- 실제상황노출 토의하기(10-15 분)
- 숙제 내주기(5분)

숙제 검토하기 (10분)

상상노출과 실제상황노출 숙제 연습에서 내담자의 SUDS 점수를 점검하도록 한다. SUDS 점수의 변화에 대해 논의하고, 습관화가 되고 있다면 이에 대해 코멘트를 해준다. 외상사건을 떠올려 이야기한 부분의 녹음음원과 전체 회기 음원을 듣고 내담자의 반응이 어떠했는지에 대해 질문을 한다. 내담자가 상상노출과 실제상황노출 숙제를 통해 학습한 것이 무엇인지 질문하고, 내담자에게 칭찬과 격려를 해준다.

주의 : 회기를 진행하면서 실제상황노출 숙제는 적절한 때에 깊이 있게 논의하는 것이 효율적인 경우가 많다(예, 다음번 실제상황노출 숙제에 대해 논의하기 전에 실제상황노출 숙제를 검토하기). 이런 방식으로 회기를 진행할 때는 회기를 시작할 때 내담자의 숙제 점수 기록지를 점검하고 긍정적인 피드백과 격려를 한 후 이 숙제에 대해 오늘 상상노출을 한 후에 더 자세히 논의하게 될 것이라고 말해준다.

매 2회기 마다 한 번씩(예, 회기 4, 6, 8, 10), 한 주간의 PTSD 증상을 측정하기 위해서 외상 후 스트레스 장애 자기 보고형 질문지(Posttraumatic Stress Disorder Self Report, PDS)와 벡 우울증 검사(Beck Depression Inventory, BDI) 같은 자기 보고형 검사를 시행한다. 회기를 시작할 때 내담자에게 간단하게 이 결과를 점검해주고 치료가 진행됨에 따라 증상의 변화가 있을 것이라는 말을 해주는 것이 도움이 될 수 있다.

목표 설정하기 (3분)

내담자에게 회기의 목표를 다음과 같이 설명한다 :

오늘 우리는 30분에서 45분간 외상기억을 이야기하도록 할 것입니다. 그 경험에 대한 토론을 마치고 나서 이번주 실제상황노출에 대해 자세히 이야기하고 계획하면서 회기의 나머지 부분을 진행하게 될 것입니다.

상상노출하기 (30-45분)

내담자에게 설명하기

오늘 우리는 외상(외상사건의 이름) 기억을 다시 떠올리도록 할 것입니다. 이때 속도를 천천히 늦추어 상세한 내용에 초점을 맞추도록 하십시오. 매 5분마다 SUDS 점수를 알려달라고 말씀드리게 될 것입니다. SUDS 점수를 물을 때 최대한 빠른 속도로 점수를 말씀하시고, 머릿속에 이미지가 사라지지 않도록 하십시오. 지난번과 같이 눈을 감고 (외상사건의 이름) 당시로 돌아가 일어났던 일들을 생생하게 이미지로 떠올려보시기 바랍니다. 당시 했던 경험뿐 아니라 느끼고 생각했던 것들을 마치 그 일이 지금 일어나고 있는 일인 것처럼 현재형을 사용해서 말씀해주십시오.

회기 5와 그 이후 회기에 추가할 내용 : 지금 시점에는 모든 상세한 내용을 다 말씀하셔야 합니다. 기억에 떠오르는 내용이 있다면 소리 내어 말씀을 해주십시오. 어떤 내용이든 괜찮습니다.

30-45분간 중단하지 않고 상상노출을 지속하도록 한다. 외상에 대해 말하는 (혹은 반복하는 횟수) 시간은 내담자가 외상을 기술하는 데 얼마나 걸리는지와 SUDS 수준의 패턴에 따라 달라질 것이다. 일반적으로 내담자의 정서적 고통 수준이 감소할 때까지 반복적으로 서술하도록 시도한다. 습관화가 회기 내에서 발생하지 않더라도, 외상기억을 기술하는 것은 내담자와 함께 경험을 프로세싱 할 수 있는 충분한 시간을 남겨 두고 마쳐야 한다. 프로세싱 및 숙제 할당을 하는 동안 내담자의 정서적 고통은 줄어들게 될 것이다.

치료가 진행됨에 따라 (약 다섯 번째 회기부터) '핫스팟(Hot Spot)'에 초점을 맞추게 되며, 그 절차는 아래에서 다루게 될 것이다.

때때로 내담자들은 상상노출을 하는 동안 감정을 표현하거나 기억에 대해 이야기하기 어려워하는 경우들이 있다. 내담자가 어떤 특정한 부분에서 특히 어려워한다면, 노출을 진행하기 앞서 내담자가 기억하는 동안 감정을 표현하거나 몰입하는 것을 꺼려하는 부분에 대해 논의를 하도록 한다. 예, 한 내담자가 자신의 극한 감정을 표현하는데 어려워했을 때 치료자는 다음과 같이 말하였다.

"지난 2 회기동안 외상기억을 이야기했을 때 제가 볼 때에는 감정을 지나가게 하는 것이 어려우신 것 같아 보였습니다. 중요한 것은 이곳은 안전한 곳이라는 점이고 또 외상기억을 다시 떠올리는 중요한 이유는 외상 관련 감정과 연결하기 위한 점이라는 것을 잊지 마십시오. 이 과정에서 제가 도움드릴 수 있는 것이 있을까요? 여기에서 감정을 충분히 표현하기 어려운 이유가 무엇인가요?"

외상 관련 감정을 표현하거나 다가가는데 어려움을 느끼는 내담자들은 때때로 '저몰입'하기도 한다. 8장에서는 상상노출 절차를 수정해서 이들의 감정적 몰입을 증가시키는 방법을 제시할 것이다. 어떤 경우에는 외상을 다시 떠올릴 때 과몰입하는 경우도 있는데, 이때 치료자는 이들이 감정적 몰입을 줄일 수 있도록 도와주어야 한다. 이 절차 역시 8장에서 상세하게 다루게 될 것이다.

핫스팟 (Hot Spot) 절차

　회기 5나 6을 부터는 '핫스팟'이라고 부르는 외상기억 가운데 현재 가장 고통스러운 부분을 집중적으로 다룸으로써 외상기억에 대해 효율적인 감정프로세싱이 가능하도록 할 수 있다. 핫스팟 절차는 외상기억 가운데 상대적으로 덜 고통스러운 부분이 습관화되기 시작했거나 상상노출을 적어도 2-3 회기정도 한 후에 소개하도록 한다.

　핫스팟 절차를 소개하는 회기에서는 외상기억을 이야기하기에 앞서 내담자에게 다음과 같이 설명하도록 한다 :

　　지금까지는 외상기억을 떠올릴 때마다 (외상 이름)에서 기억나는 것 전체를 말하였습니다. 이렇게 함으로써 큰 발전이 있었고 우리가 기대했던 대로 불안이 줄어드는 것 역시 경험을 했습니다. 오늘은 조금 다른 상상노출을 하려고 합니다. 그러니까 가장 어렵게 느끼는 순간에 대해 감정프로세싱을 하기 위해서 지금까지와는 다른 절차를 사용하려고 합니다. 지난 회기에서 노출했던 것과 지난주에 상상노출 녹음음원에서 들은 내용을 바탕으로, 현재 가장 고통스럽고 힘들게 느껴지는 기억이 무엇인지 말씀해달라고 요청드릴 것입니다. 그 후 오늘 처음부터 끝까지 전체 기억을 다 말하는 것이 아니라, 한 번에 한 가지씩 이러한 '핫스팟'을 다시 떠올리고 이야기하는 것에 집중하라고 말씀드리게 될 것입니다. 한 가지를 선택해서 마치 슬로우 모션처럼 보고, 듣고, 생각하고 느낀 것을 최대한 자세하게 그것만을 계속해서 반복하시고, 그 기억이 "닳아 없어질 때까지" 혹은 SUDS 수준이 현격히 줄어들 때까지 여러 번 반복하도록 할 것입니다. 해당 부분이 충분히 프로세싱 됐다고 느껴질 때, 다른 기억으로 옮겨가게 될 것입니다. 혹시 질문이 있으신가요?

　내담자가 현재 가장 고통스럽게 여기는 외상기억에 대한 자기 보고와 치료자 기록지에 보고된 내용을 바탕으로 핫스팟을 확인한다. 치료자가 보기에 핫스팟으로 여겨지는 기억을 내담자가 인식하지 못한다면(예, 내담자가 항상 높은 SUDS 점수를 주는 부분이나 노출하는 동안 어떤 방식으로든 회피하려는 부분) 내담자에게 그 부분 역시 핫스팟인지에 대해 질문하도록 한다.

치료자는 내담자가 노출을 위한 핫스팟을 결정하도록 돕는다. 핫스팟은 내담자에게는 외상경험 가운데 가장 고통스러운 부분 중 하나이여야만 한다.

상상노출을 하면서 내담자의 SUDS 수준과 행동(예, 몸의 움직임, 얼굴 표정)이 감소하는 것을 통해 각각의 핫스팟이 충분히 프로세싱 되었다는 것을 알 수 있는데, 이때까지 내담자의 핫스팟에 집중하도록 한다. 이 과정은 핫스팟의 개수와 내담자의 페이스(pace), 그리고 내담자가 숙제로 내 준 노출 음원을 얼마나 많이 들었는가에 따라 보통 5-6 회기 정도 소요될 수 있다. 때로는 내담자가 매우 고통스러운 기억에 집중함에도 불구하고 낮은 SUDS 점수를 보고하고 이들의 정서적 고통이 매우 작은 것처럼 보일 때가 있다(이러한 현상은 대개의 경우 저몰입 때문이다). 이러한 문제가 나타날 경우 핫스팟에 집중하게 되면 몰입 수준을 높이게 되어 습관화가 일어나기 전까지는 SUDS가 증가할 수 있다.

핫스팟 절차가 모두 끝나면 내담자가 핫스팟을 전체 외상기억과 함께 통합하여 이야기하고 집중할 수 있도록 도와야한다. 이는 치료 마지막 회기에서 시행되어야 한다.

다중 외상이나 특정 외상이 반복적으로 발생한 경우(예, 아동기 성학대, 전쟁)에, 역시 5-6가지의 외상기억을 상상노출을 통해 다루어야 한다. 첫 번째 외상기억에 대한 불안과 정서적 고통 수준이 충분히 감소했다는 것이 명확해지기 전까지는 다른 외상기억으로 이동하지 않도록 한다. '가장 힘든' 외상기억이나 정서적 고통이 가장 큰 기억, 또는 재경험 증상이 가장 심한 기억을 우선적으로 다루기 때문에 다른 여타의 외상기억은 일반화 되어 직접적인 노출이 없이도 감정프로세싱 할 수 있게 된다. 하지만 다른 여타의 기억들로 인해 유의미한 수준의 고통을 계속 겪고 있다면 몇 차례 회기를 통해 이를 다루도록 한다.

상상노출 프로세싱 하기 (15-20분)

회기 3에서 자세히 언급한 바와 같이 외상을 다시 떠올려 이야기한 후에는 내담자와 함께 상상노출한 것을 프로세싱 하도록 한다. 대개의 경우 치료가 진행되면서 내담자가 외상에 대한 새로운 관점과 통찰을 가지게 되기 때문에 상상노출 후 논의하는 시간은 상상노출 초기 회기보다는 적은 시간이 들게 된다. 하지만 어떤 경우에는 외상사건의 가장 공포스러운 순간을 직면하는 핫스팟 작업을 하면서 새로운 외상기억이 떠오르기도 한다. 예를 들어, "내가 관속에 들어가서야 부모님을 볼 수 있을 것이라는 생각이 들었어요.", 혹은 "눈을 맞은 뒤에 앞이 보이지 않아서 내가 살아난다 해도 평생 일을 할 수 없을 거라고 생각했어요." 프로세싱을 진행하는 방법에 대해서는 회기 3에서 상세하게 기술되어 있으므로 이를 참고하도록 한다.

실제상황노출 논의하기 (10-15분)

매일 실제상황노출 숙제를 하도록 계획한다. 치료가 진행됨에 따라 실제상황노출 순위에서 점차 높은 점수의 상황을 연습해 나아갈 수 있도록 한다. 내담자가 매우 낮은 수준의 불안감이나 불편감을 느낄 때까지 실제상황노출 연습을 계속해서 반복해야 한다. 증상이 낮아지고 자신감이 생겨나면 내담자가 원래 자신의 삶을 '되찾기' 위해 최선을 다하도록 격려하고 일상생활에서 실제상황노출을 할 방법을 찾도록 격려한다.

숙제 (5분)

- 내담자가 호흡연습을 계속할 수 있도록 교육한다.
- 내담자가 매일 상상노출 녹음음원을 듣도록 설명한다.
- 내담자가 실제상황노출 연습을 계속 할 수 있도록 한다.
- 내담자는 회기 녹음음원을 한 번 들어야 한다.

최종 도약과 졸업
변화된 나를 발견하기
: 종결 회기

※ 이 장은 내담자 워크북의 8장에 해당함

제 7 장
최종 도약과 졸업 변화된 나를 발견하기 : 종결 회기

준비 자료

- 전체 회기를 녹음하기 위한 녹음기기
- 회기 2 이후에 만든 실제상황노출 순위표

회기 개요

- 숙제 검토하기(10분)
- 회기 주요 목표 제시하기(3분)
- 상상노출 시행하기(20-30분)
- 치료 경과를 검토하고 지속적으로 내담자가 연습할 수 있도록 제안하기(30분)
- 치료 종결: 마지막 인사하기(5분)

숙제 검토하기 (10분)

마지막 회기는 내담자의 숙제를 검토하면서 시작한다. 숙제로 내준 상상노출과 실제상황 노출 결과SUDS 수치에 대하여 논의한다. 상상노출과 지난 회기에 녹음한 것을 듣고 난 뒤 내담자의 반응에 대하여 질문을 한다. 지난주에 했던 노출 경험으로부터 얻은 것이 무엇인지 물어보고 힘들게 숙제를 완수한 것에 대해 칭찬하고 격려해 주도록 한다.

목표설정 (3분)

내담자에게 이번 회기의 목표를 제시하면서 이번 회기에서는 내담자가 처음 외상기억을 떠올리고 이야기했을 때의 경험에 대해서 물어보고 치료 기간 동안의 경과에 대해서 논의하며 치료 종결 이후에 지속적으로 다루어야 할 것들에 대한 계획을 만들 것이라고 이야기 해주도록 한다.

상상노출 (20-30분)

마지막 회기에서는 내담자에게 20-30분 정도 외상기억에 다시 몰입하여 이야기하도록 할 것이다. 내담자에게는 이 때 핫스팟에 관한 내용을 다루기보다는 외상기억 전체를 다시 떠올리는 것에 집중하도록 요청한다. 지속노출치료에서 내담자가 새로 조직화된 기억 전체를 구술한 후에 종료하는 것은 매우 중요하다. 내담자가 이 상상노출을 끝냈을 때, 치료자는 일상적인 칭찬과 긍정적 피드백을 하면서 프로세싱을 하고 상상노출이 전 치료 과정에 걸쳐 어떻게 내담자를 변화시켰는지에 대해 생각해 볼 수 있도록 질문하도록 한다. 예를 들어, "정말 잘하셨어요! 오늘 그 외상기억을 떠올리는 동안 매우 차분하셨습니다. 오늘은 상상노출 이후에 어떤 감정이 느껴지셨나요? 오늘은 처음 상상노출을 했을 때와 비교해서 어떻게 느끼셨는지 궁금합니다. 지금은 이전과 조금 다르게 느끼시나요?" 이러한 논의를 한 이후에는 PE 과정 중에 습득한 것을 검토하고 어떻게 자신이 바뀌었으며 증진되었는지, 또 앞으로 무엇을 더 해야 하는지에 대한 부분을 다루는 논의를 하게 될 것이다.

치료 프로그램과 내담자의 치료경과 검토하기 (30분)

치료자를 위한 정보

마지막 회기에서는 내담자와 함께 치료 경과에 대해 평가하고 논의하게 된다. 치료자는 내담자가 습득한 기술들을 검토하고 추가적인 치료가 필요하다면 그에 대한 소견을 말해주게 된다. 치료자는 내담자에게 치료 프로그램을 완결한 것에 대해 긍정적인 피드백을 주고, 만약 종결하게 되면 마지막 인사를 하게 된다.

이러한 대화는 상호교류적이어야 한다. 내담자의 치료경과에 대해서도, 그동안 습득한 것에 대해 그리고 치료에서 시작한 여러 과정들을 지속적으로 할 수 있는지와 관련한 내담자의 인식을 이끌어 낼 수 있어야 한다. 치료자는 내담자가 일상생활에서 노출적 기술들을 사용할 수 있도록 준비되어 있는지를 평가하는 질문을 해야 한다. 또한 내담자가 심한 압박이나 주요 스트레스를 경험하는 상황일 때 증상이 증가될 가능성이 높다는 것에 대한 준비를 시켜야 한다. 이 논의의 두 가지 주요 목표는: 첫째, 내담자가 치료 프로그램동안 습득한 대체기술들을 사용하여 스스로 PTSD 증상과 스트레스 상황들이 일시적으로 증가했을 때 이를 잘 다룰 수 있다는 느낌을 주도록 하는 것. 둘째, 내담자가 지금은 모든 것을 잘하고 있지만, 정상적인 일상적 사건들이 불안이나 스트레스, 그리고 PTSD와 연관된 증상들을 증가시킬 수도 있다는 것을 깨닫도록 돕는 것이다. 이러한 것을 재발이라고 보기보다는 습득한 기술들을 연습할 수 있는 좋은 기회라고 생각할 수 있도록 교육해야 한다.

치료 프로그램에서 습득한 기술들을 검토하기

우리는 지금까지 PTSD 증상에 대해서 함께 다루어 왔습니다. 오늘은 지금까지의 치료 경과를 검토하고 습득한 기술들에 대해 논의하게 될 것입니다. 그리고 마지막에 인사를 하는 데

에 몇 분 정도를 할애할 것입니다. 우리는 지금까지 함께 외상적 경험을 반복적으로 상세히 이야기하게 함으로써 외상사건을 잘 프로세싱 할 수 있도록 했습니다. 또 지금까지 피해 왔던 사람이나 상황들을 실제상황노출 훈련을 통해서 극복할 수 있도록 많은 시간을 쏟았습니다. 오늘은 지금 어떻게 느끼고 있는지, 치료 과정에서 무엇이 도움이 됐고 도움이 되지 않았는지, 어떤 새로운 기술들을 습득했는지, 또 미래에 어떤 계획을 가지고 있는지에 대해서 이야기를 나누게 될 것입니다.

실제상황노출에서 내담자의 치료경과 검토하기

우선 회기 2에서 만든 실제상황노출 순위표를 꺼내도록 한다. 내담자에게 보여주지 않은 상태에서 리스트에 있는 상황을 하나씩 읽어가면서, 바로 지금 그 순위표에 있는 것들을 직접 시행하는 상상을 하도록 내담자에게 말한다. 내담자에게 그 상황이 지금 일어난다고 생각하면서 각 상황에 대한 SUDS 수치를 예측하도록 한다. 그리고 그 순위표의 마지막 칼럼에 마지막 회기라고 표시된 부분에 SUDS 수치를 기록한다. 이것을 마치면 내담자에게 두 번째 회기에서 적었던 수치와 마지막 회기에 적은 수치를 보여주도록 한다. 대부분의 내담자들은 리스트에 있는 것들 다수에서 낮은 SUDS 수치를 확인하게 될 것이다. 치료자는 내담자에게 "이 두 개의 수치에 대해서 어떻게 생각하시나요? 이러한 놀라운 변화를 달성하셨는데 어떻게 이것이 가능했을까요? 이 수치가 이렇게 내려가도록 하기 위해서 무엇을 하셨나요?"라고 질문하도록 한다.

순위표에 있는 상황들에서 현저한 변화와 증진이 있었다는 것을 다시 한 번 확인한 뒤에는 SUDS 수치가 많이 경감되지 않은 상황에 대해서 논의하도록 한다. 치료자는 "이 상황에서 무슨 일이 있었다고 생각하세요? 왜 이 상황에서 SUDS 수치는 높은 걸까요?" 등을 묻도록 한다. 대부분 이러한 상황은 내담자가 충분히 직면하지 않은 상황일 가능성이 높다. 높은 SUDS 수치를 보이는 상황들에 대해서는 추가로 노출연습을 해야 한다는 것을 이야기하도록 한다. 그리고 다음 몇 주 동안 이러한 상황에 대해 스스로 스케줄을 만들어서 연습할 수 있도록 돕고, 내담자가 공포스러운 상황을 접하거나 기억이 떠오를 때 이것들에 직면할 수 있도록 격려한다. 내담자가 워크북에 있는 실제상황노출 순위표의 두 번째 SUDS 수치표에 기록하고 앞으로 노출 연습을 할 계획이 있는 상황들을 적을 수 있도록 한다.

실제상황노출에 대해 깊이 있게 논의한 후에는 추가적으로 다양한 질문을 하면서 치료 과정에서 습득한 것이 무엇인지에 관해 검토하도록 한다. 내담자가 자기 보고형 측정 도구를 통해 치료 시작 전부터 지금까지 PDS와 BDI에 기록했던 PTSD와 우울증 점수들을 비교하면서 이야기해 주는 것이 도움이 된다. 이 논의의 목표는 내담자가 PE 동안 습득한 것에 대해서 구체적으로 말하고, 무엇이 자신의 증상을 경감시켰는지, 또 자신의 삶의 만족도가 어떻게 올라가게 됐는지 말할 수 있도록 돕는 것이다. 예를 들어 :

• 이러한 변화를 어떻게 성취할 수 있었을까요? 치료를 받으면서 이러한 변화를 위해서 무엇을 하셨나요?
• 특정한 상황에서 불안과 불편감의 수준에 차이가 있었나요?
• 무엇을 배우셨나요?
• 불안과 불편감을 다룰 때 가장 도움이 되는 것은 무엇이었나요?
• 지금도 염려되는 문제들이 있나요? 그렇다면 그것들에 대해서 무엇을 할 필요가 있다고 생각하시나요?

만약에 내담자의 상태가 좋지 않아서 추가적인 치료가 필요하다면 이를 의뢰하는 문제에 대해서 논의하도록 한다. 그러나 즉각적인 치료가 필요한 상황이 아니라면, 수개월의 치료 기간 동안 습득한 기술들을 적용할 수 있도록 격려하고 심한 어려움에 봉착했을 때 치료자에게 전화하도록 권한다.

• 제 생각에는 이 프로그램에서 실질적인 증진이 있으셨던 것 같아요. 이러한 변화에 대해서 어떤 기분이 드시나요?
• 이 치료를 처음 시작하셨을 때와 비교해서 지금의 기분 상태는 어떠신가요?

- 우리가 한 것 중에 가장 도움이 된 것은 무엇이었나요?
- 또 가장 도움이 되지 않았던 것이 있다면 무엇이었나요?
- 앞으로 지속적으로 연습할 필요가 있다고 생각하는 기술들이 있나요?
- 만약 있다면 내담자가 스스로 설정한 목표를 달성하기 위한 구체적인 계획을 세울 수 있도록 돕는다.

마지막으로 치료자는 내담자가 PTSD와 연관된 증상이 심각한 스트레스 상황, 예를 들어 외상이 일어났던 날, 또 직장이나 가정에서 심각한 문제들에 봉착했을 때 일시적으로 증가될 수 있을 가능성이 높다는 것을 알려주고 이에 대한 준비를 시키도록 한다. 예를 들어 "PTSD로부터 완치가 된 사람일지라도 살면서 높은 스트레스 상황이 발생하면 증상들이 다시 증가될 수 있습니다. 이러한 스트레스에는 긍정적인 일상의 스트레스도 포함되는데, 결혼을 하거나 아이를 갖거나 새로운 직장을 갖는 것도 포함이 됩니다. 이때 이러한 스트레스에 대해서 잘 이해하시고 이 프로그램에서 습득한 기술들을 다시 사용하셔야 합니다. 만약 2개월 뒤에 외상에 관해서 침투적인 생각이 들거나 악몽을 다시 꾸기 시작한다면 어떻게 해야 할까요?", "외상을 강하게 상기시키는 상황에 놓이게 되고 또 이것이 다시 바깥에 외출하는 것을 두렵게 만든다면 무엇을 할 수 있을까요?", 또는 "스트레스가 심한 상황을 겪게 되어 매우 두렵거나 자신감이 없어진다면 무엇을 하시겠어요?"

만일 내담자의 또 다른 문제들을 다루기 위해 치료가 진행되고 있다면, 이 부분에 대해서 함께 탐색을 하도록 한다. 치료자와 내담자는 이 때 이러한 문제를 같이 다루기 위해서 치료를 지속할 것인지를 선택할 수 있다.

종결: 마지막 인사하기 (5분)

지속노출치료를 할 때 감정적으로 매우 강렬한 상황이 많기 때문에 치료를 종결하는 것도 내담자에게는 매우 어려운 일이다. 따라서 치료자는 내담자와 충분한 시간을 보내야만 한다. 내담자들에게 는 이 치료 자체가 단기간에 이루어지게 된다는 것을 상기시키는 것이 도움이 된다. 치료자가 내담 자의 다른 문제들을 다루기 위해 일정 기간 다시 치료회기를 진행할 것이라고 할 수도 있겠다. 그러 나 만약 치료를 종결하게 된다면 내담자에게 피드백을 주고 또 마지막 인사를 할 수 있는 시간을 갖 도록 한다. 예를 들어 :

- 매우 도전이 되는 치료였는데 아주 잘 하셨어요. 치료 기간 동안 참 열심히 하셨어요.
- 지금까지의 치료 기간이 매우 힘드셨을 텐데, 용기와 인내로 잘 극복하셨고 이제는 그 노력의 대 가를 받으시는 겁니다.
- 이 치료 프로그램에서 더 많은 증상완화를 경험하지 못한 것에 대해 실망하신다고 말씀하셨지만 그러한 감정을 표현하셨던 내담자분들이 시간이 지나면서 훨씬 더 기분 상태가 좋아진다는 것을 발견하게 됩니다.
- 치료과정에서 있었던 일들을 프로세싱 하고 소화시키는 데는 시간이 걸립니다. 만약 지금까지 습득한 기술들을 지속적으로 사용하신다면 시간이 지나면서 기분의 상태가 더 좋아지실 겁니다.
- 저는 이 프로그램을 완결하기 어렵다는 것을 잘 알고 있습니다. 아마 치료를 중단하고 싶으셨던 적이 여러 차례 있으셨을 거예요. 그러나 이 프로그램을 중단하지 않고 지속할 수 있는 용기를 가 지셨고 바로 그것 때문에 이렇게 중요한 치료의 진전을 얻으실 수 있는 겁니다.

결론

PTSD 내담자를 치료하는 것은 치료자에게는 매우 많은 보상감을 가져다준다. PE와 같이 PTSD의 치료를 위한 효과적인 치료기법이 있다는 것은 정신건강 전문가들로 하여금 만성적인 PTSD에 의한 고통으로 망가진 삶을 살고 있는 사람들에게 단기간에 긍정적인 영향을 끼칠 수 있게 한다. 그러나 PTSD 증상 자체 또 연관된 공병 증상들 때문에 몇몇 내담자들은 치료에 몰입하지 못하고 이 치료의 장점들을 경험하지 못하기도 한다. PTSD로 고통 받는 사람들이 치료회기에 정기적으로 참여하지 못하고 조기에 그만두거나 중간에 오랫동안 치료에 빠지는 일 등은 흔한 일이다. 어떤 내담자들은 회피 문제가 심각해서 노출 숙제를 하지 않는 경우도 있다. 어떤 내담자는 불안을 감내하는 것을 어려워하거나 외상기억에 몰입하는 것을 어려워하기도 한다. 이 때 이 매뉴얼과 치료의 이론적 근거에 의거하여 PE의 절차를 어느 정도 유연성 있게 수정할 필요가 있다. 이 부분에 대해서는 8장에 상세하게 다루게 될 것이다.

어떤 사람의 외상기억을 동정적이고 이해심 있게 또 무판단적으로 나누는 것은 매우 강력한 치유적 경험이고 이 경험 자체가 내담자의 공포, 수치심, PTSD 증상을 낮출 수 있다. PE가 내담자와 치료자에게는 도전적이기는 하지만 후에는 모두에게 매우 큰 보상감을 느끼게 해 준다. 마지막 회기에서 많은 내담자들은 치료 종결 후에 기분이 훨씬 좋아졌다고 말하며, 치료 이후에 가끔씩 들러서 말하기를 자신이 외상사건 이전과 같은 삶을 살고 있다고 느끼고, 이러한 상태가 가능하다고 생각하지 못했다는 말을 하곤 한다. 우리는 너무나 무서운 외상적 이야기를 듣고 처음에는 내담자들이 이러한 경험을 어떻게 극복할 수 있을까 의심하기도 했지만 내담자들이 실제로 치료를 통해 이 문제를 잘 극복한다. PE는 우리에게 인간 정신의 강한 회복력을 목도할 수 있게 해 준다.

치료과정 중 발생할 수 있는 문제와
효과적인 치료몰입을 위한
수정방안

※ 이 장은 내담자 워크북의 7장에 해당함

제 8 장
치료과정 중 발생할 수 있는 문제와
효과적인 치료몰입을 위한 수정방안

　좋은 치료적 협력관계가 형성이 되어 있고 내담자가 치료의 이론적 근거에 대해서 명확하게 이해하고 이를 수용하며 치료자가 이 매뉴얼에 있는 모든 절차들을 잘 따른다 하더라도 내담자의 증상이 기대만큼 경감되지 않는다고 여겨질 때가 있다. 이렇게 내담자의 PTSD 증상과 이와 연관된 정서적 고통이 예상만큼 경감되지 않도록 하는 주요 장애물은 첫째가 회피이며, 둘째는 외상기억을 떠올리고 이야기하는 동안 저몰입(under-engagement) 또는 과몰입(over-engagement) 하는 문제이다. 이것은 내담자가 정서적 고통을 잘 감내하지 못하거나 다른 부정적 감정들이 지속적으로 내담자를 압도할 때 나타난다. 이 때 치료자는 내담자가 이러한 장애물을 극복할 수 있도록 도와야 한다. 다시 말하면 내담자가 회피를 극복해 갈 수 있도록 돕고 외상기억을 떠올리고 이야기하는 동안 감정적 몰입을 증진시키거나 감소시키고 또 내담자의 정서적 고통을 감내하는 기술들을 강화시키고 내담자가 분노나 수치심, 슬픔, 애도, 죄책감과 같은 일반적인 외상과 연관된 감정들을 프로세싱 해나가도록 돕는 것이 치료자의 역할이다.

치료 모델의 중요성

　이 매뉴얼 제 1장에서는 감정프로세싱 이론에 대해서 설명한 바 있다. 치료자는 PE를 어떻게 진행할 것인지, PE 절차를 어떻게 수정해 나갈지 결정할 때 개념적 모델을 굳건히 이해하고 활용해야 한다. 1장에서 언급한 대로 포아 박사와 코자크 박사는 병리적 공포의 치료를 위해서는 첫째로 공포구조의 평가(공포구조를 활성화하여 공포 상황에 내담자를 직접 직면하게 하기), 둘째로 안전한 경험을 하게 함으로써 수정된 정보를 제시하는 것이 필요하다고 제안했다. 이렇게 함으로써 공포구조의 과도하고 비현실적인 부분을 수정해 나가게 되기 때문에 PE 치료자는 치료 개입을 디자인할 때 이 목적을 항상 염두에 둘 필요가 있다.

예를 들어, 좋은 실제상황노출 순위표는 각 개인의 공포구조와 잘 맞는 노출 상황으로 구성되어야 한다. "누가 나를 해칠지 모른다"는 이유 때문에 처음 보는 남자들을 과도하게 두려워하는 폭력피해자에게는 다음과 같은 사항이 포함되어 있는 실제상황노출 숙제를 주도록 한다. 1) 안전한 상황에서 남성과 점차적으로 상호교류적인 노출을 하도록 한다(예, 상점에서 남자 판매원에게 물어보기, 남자 계산원이 있는 곳에서 장보기, 이때 남자와 눈을 마주치고 '안녕하세요'라고 말하기, 남자 고객과 대화 시작하기). 2) 위험이 없는 상황에서 이러한 경험을 하도록 하기(예, 남자들로부터 상해를 입거나 위험한 상황을 당하지 않도록 하기). 이렇게 함으로써 치료자는 모든 남자는 위험하다는 내담자의 인식을 수정해 나갈 수 있게 된다.

내담자를 위해 치료절차를 수정해야 할 때 이론적인 부분에 대해서 충분히 고려하는 것은 중요하다. 예를 들어, 내담자가 자신의 외상기억을 상상노출 할 때 잘 이야기하지 못하고 자신의 감정을 차단하려고 할 때는 내담자가 자신의 공포구조를 제대로 평가하지 못하고 외상기억과 연관된 감정, 사고, 이미지를 피하고 있는 것으로 볼 수 있다. 치료자는 내담자로 하여금 이러한 회피가 비록 이해는 되지만 PTSD로부터의 회복을 방해한다는 것을 자각하게 하고, 외상기억의 중요한 부분들에 모두 몰입할 수 있는 능력을 증진시키는 방법을 찾아서 프로세싱 할 수 있도록 도와줘야 한다.

PE의 개념적 모델을 이해하는 것은 매우 중요한 시발점이다. 이것은 내담자로 하여금 외상과 연관된 상황과 기억을 회피하기보다는 용기를 내서 직면할 수 있도록 하는 확고한 이론적 근거를 제공하게 된다. 또한 이 개념적 모델은 치료자로 하여금 내담자가 보이는 회피적 행동에 적절하게 반응할 수 있도록 가이드 할 수 있게 한다. 특히 이것은 치료자가 실제상황노출 순위표를 잘 구축할 수 있도록 할뿐만 아니라 상상노출의 표준절차를 언제 어떻게 수정할 지 판단할 수 있도록 돕는다.

실제상황노출 및 상상노출의 효과적인 시행

실제상황노출의 수정

회기 2에서 치료자는 내담자와 함께 외상과 연관된 공포와 불편감을 일으키는 것을 회피하거나 두려워하는 상황이나 장소, 활동들의 목록을 만들게 된다. 치료자는 실제상황노출 순위표의 상황들을 내담자가 사회적인 상호작용이나 긍정적인 경험을 증가시키기 위해서 혹은 바쁜 일상활동을 행동활성화(behavioral activation)시키는 것에 초점을 맞추어서 디자인하게 된다. 내담자가 겪는 공포와 정서적 고통이 얼마나 되는지 또 이러한 상황이 내담자에게 얼마나 어려운지를 기초로 상황의 순위를 매기게 된다. 일반적으로 내담자가 초기에 겪는 불안감과 정서적 고통 수준은 반복적으로 실제상황노출 연습을 하면서 상황이 더 이상 위험하지 않거나 직면하기 어렵지 않다고 느끼면서 최소화되고, 이어 순위표에 적힌 대로 체계적으로 목표가 상향 조정된다.

PTSD 내담자는 치료 기간 동안 공포를 일으키는 상황을 피하려는 경향이 있다. 대부분의 내담자는 치료자에게서 많은 지지와 격려를 필요로 하고, 이러한 도움을 받으면서 실제상황 숙제를 하게 된다. 내담자의 피하고자 하는 충동은 일반적인 것이고 이해가 되기는 하지만, 회피가 외상과 연관된 공포와 불안을 유지시킨다는 점을 내담자에게 설명해야 한다. 내담자가 실제상황 노출 숙제를 하기 어려워할 때, 목표로 정해 놓은 순위표의 상황을 작은 스텝부터 점차 증가시키는 방향으로 수정하는 것이 유용할 때가 있다. 만약 내담자에게 실제노출 상황이 너무 어려워서 당장 직면하기 어렵다면, 조금 덜 어렵게 만들거나 SUDS 수치를 낮출 수 있는 방법을 찾아주도록 한다. 때로는 치료자나 친구, 가족 중 한 사람이 내담자와 함께 노출 연습을 함으로써 내담자가 그 상황과 연관된 정서적 고통을 좀 더 잘 다룰 수 있게 되고, 이어지는 노출 연습에 혼자서도 직면할 수 있게 할 수도 있다. 또한 노출 연습을 하는 장소와 시간대를 변경하는 것도 실제상황 노출 연습으로 인한 고통을 조금 더 다루기 쉬운 정도로 낮추는 효과가 있을 수 있다. 노출 상황을 수정하여 내담자가 좀 더 쉽게 숙제를 완수할 수 있게 되면, 원래 정했던 상황을 직면할 수 있도록 하고 좀 더 어려운 상황에 노출시켜 가도록 한다.

어떤 내담자들은 체계적이고 반복적인 노출을 했음에도 불구하고 기대했던 공포의 경감을 경험하지 못하는 경우도 있다. 이러한 경우에는 내담자가 실제상황노출 연습을 하는 동안 실제로 무엇을 하는지 면밀히 조사해 볼 필요가 있다. 즉 내담자가 어떻게 노출 과제를 수행했고, 얼마 동안 했으며, 언제 끝났는지에 대해서 물어보도록 한다. 내담자가 충분한 시간 동안 노출 연습을 했는지, 또는 매우 불안한 상황에서 그 노출 상황을 회피하지는 않았는지, 또 조용히 회피하거나, 오직 안전하다고 느껴지는 사람들과만 같이 있는 안전행동을 하지는 않았는지(예를 들면 상점에 사람들이 많이 없을 때 쇼핑을 하거나, 여성 계산원이 근무하는 곳에서만 쇼핑을 하는 것). 이러한 행동은 자신이 특정한 보호행동을 했기 때문에 위해한 상황을 벗어났다는 인식을 유지시킴으로써 궁극적으로 공포감의 감소를 막게 된다. 이러한 인식은 많은 상황들이 실제로는 위험하지 않으며, 보호장치들이 필요하지 않다는 것을 내담자가 깨닫는 데 방해가 된다. 치료자가 내담자의 안전행동을 파악하게 되면 이러한 간접적 회피 행동이 공포 및 위험과 연관된 비현실적 신념을 유지시키게 된다는 것을 설명해 주도록 한다.

마지막으로 내담자가 자각하지 못하는 회피를 찾도록 한다. 한 내담자는 자신이 노출 과제를 빠짐없이 수행했음에도 습관화 반응이 전혀 나타나지 않았고 치료의 중간 부분까지 와서도 PTSD 증상이 이전과 비교해 오히려 높아지는 경우가 있었다. 치료자는 내담자의 행동을 면밀하게 관찰함으로써 왜 치료 경과가 나쁘게 나왔는지 이해하려고 하였다. 이 내담자를 주의 깊게 조사한 결과, 이 분은 숙제를 할 때 감정적으로 자신을 떨어뜨려 놓았고, 노출 과제를 하지 않을 때는 의도적으로 그리고 온전히 외상과 연관된 단서(cue), 생각, 감정 모두를 회피하고 있었다. 이 내담자는 자신이 이렇게 광범위하게 회피하고 있다는 사실을 자각하지 못했고, 이것이 회피라는 것도 인식하지 못했는데 그 이유는 외상 이후에 항상 이렇게 생활해 왔기 때문이었다. 이렇듯 치료에서 학습한 것을 적용하지 않고 또 일상으로 일반화시켜지지 않는 것은 PTSD와 우울증 증상을 지속시키게 된다. 치료자는 내담자로 하여금 이러한 회피가 어려운 치료과정을 겪으면서도 나아지지 않게 하는 방해 요인이라는 것을 알 수 있도록 하고 내담자가 스스로 일상생활에서 광범위한 회피 행동을 자각하고 경감시켜 나갈 수 있도록 도와주어야 한다. 이렇게 하면 내담자의 PTSD 증상은 급속도로 좋아지기 시작한다.

또 다른 내담자는 자신이 노출 과제를 지시 받은 대로 수행하였고 오히려 더 많은 시간을 보내거나, 밤에 수행하기도 했지만 효과를 경험하지 못했다고 말했다. 상세하게 조사한 결과, 이 내담자는 차에서 내리기도 전에 손에 집 문 열쇠를 쥐고 현관문에 급히 뛰어 들어가곤 했는데, 너무 빨리 들어가서 문을 제대로 닫을 수 없을 정도였다고 한다. 문을 겨우 따고 들어갔을 때는 스스로 가까스로 위험을 피했다는 느낌을 받았다고 보고하였다. 치료자는 내담자에게 이러한 형태로 노출하는 것은 치료적이지 않다고 설명해야 했다. 내담자가 어두운 밤에 자신의 현관문 앞에서 열쇠를 들고 조금 서 있게 되더라도 두려워할 것이 없다는 것을 마음과 몸이 학습하도록 해야 한다는 것이 중요하다는 것을 알려 주었다.

상상노출의 수정

지속노출치료에서 외상기억의 상상노출은 그 기억과 기억을 직면하면서 느껴지는 감정에 몰입(emotional engagement)하는 것을 증진시키게 된다. 상상을 통해 외상기억을 반복적으로 직면시킴으로써 공포구조의 일부분인 이미지나 생각, 감정들을 조직화하고 통합하게 된다. 내담자는 스스로에 대한 통제능력을 유지한 채로 불안감에 압도되지 않은 상태에서 외상기억에 감정적으로 연결되고, 이 과정 중에 나타난 감정을 감정프로세싱을 통해서 촉진시키게 된다. 상상노출은 내담자가 외상기억을 떠올리고 이야기하는 것이 위험하지 않다는 것, 또 불안은 영속되는 것이 아니라는 것을 학습하는 방향으로 실행되어야 한다.

외상기억을 떠올려 말할 때 감정몰입의 중요성은 경험과학적 근거를 가지고 있다. 예를 들어, 외상사건에 대한 기억을 상상노출 할 때 자기 보고에 의한 고통 수치를 감정몰입의 특정 색인으로 사용하여 제이콕스(Jaycox)와 포아(Foa), 모랄(Morral)은 노출치료 6 회기동안 여성 내담자들의 정서적 고통 수준과 치료 결과와의 관계를 조사하였다. 초기에 높은 정서적 고통 수치를 보였지만 회기를 거치면서 점진적인 습관화를 보인 내담자들이 초기에 매우 높거나 중간 정도의 정서적 고통 수치를 보이면서 습관화가 되지 않은 내담자보다 치료경과가 더 좋은 것으로 나타났다. 따라서 이 결과는 치료 과정에서 높은 몰입과 습관화가 잘 결합되어 있을 때 성공적인 치료로 이어진다는 것을 보여준다.

PTSD로 고통 받는 사람들의 경우 자신의 외상적 경험을 생각할 때 느껴지는 감정을 억누르는 경향이 많이 발견된다. 따라서 상상노출을 할 때 표준화된 절차는 감정몰입을 촉진시키기 위해 내담자가 자신의 눈을 감고 마치 그 외상사건이 지금 일어나는 것 같이 생생하게 생각하고 시각화하도록 하며, 이야기를 할 때 현재형을 사용하고, 외상사건을 겪을 때의 생각, 감정, 신체적 감각, 행동들을 이야기하도록 디자인되어 있다. 치료자는 내담자가 이야기를 할 때 빠진 부분을 상세하게 설명하라고 지시하며, 외상을 떠올릴 때 내담자의 정서적 고통 수준을 모니터링하게 된다(예, 지금 어떻게 느끼고 계시나요? 지금 무슨 생각을 하고 계시나요?). 내담자가 감정몰입을 하게 될 때 발생하는 대표적인 문제는 저몰입(under-engagement)이다. 또 흔하지는 않지만 내담자가 외상기억을 이야기하면서 자신의 감정에 압도되어 통제 능력을 상실한 느낌을 받는 경우도 있었다. 이러한 경험을 과몰입(over-engagement)이라고 한다. 만일 내담자가 노출치료 기간에 효과적으로 감정몰입을 하지 못한다면 상상노출을 위한 표준화된 절차는 내담자의 자극이나 정서적 고통 수준에 맞추어 증감되도록 변형해야만 한다(아래 참고).

저몰입

저몰입이란 외상기억 또는 공포구조의 감정적인 요소들에 내담자가 접근하기 어려워하는 현상을 말한다. 상상노출을 실행할 때 많이 나타나지만, 가끔씩은 실제상황노출을 하는 상황에서도 나타난다. 상상노출을 할 때 내담자는 자신의 외상을 상세하게 기술하면서도 그 사건에 대해서 시각화하지 못하고 감정적으로 동떨어져 있는 것 같은 경험을 할 때가 있다. 이 때 내담자는 무감각하거나 동떨어져 있는 느낌을 보고한다. 내담자가 저몰입 상태일 때에는 정서적 고통이나 불안 수준이 오히려 낮으며 또 어떤 경우에는 높은 정서적 고통을 보고하기도 하지만 얼굴 표정이나 목소리의 톤 혹은 제스처와 같은 비언어적 행동은 정서적 고통이 심한 사람 같아 보이지 않는다. 저몰입 내담자의 언어도 때로는 매우 형식적이거나 동떨어진 듯한 느낌을 받게 되어서 자신의 외상사건에 대해서 이야기하는 것보다는 경찰 보고서를 읽는 것 같은 느낌을 받게 되기도 한다. 예를 들어, 내담자가 자신을 공격한 사람을 "가해자"라던가 혹은 "범죄자"로 언급하는 것 같이 외상사건을 겪는 순간에는 생각할 수 없는 용어들을 사용하기도 한다.

치료자는 내담자가 처음에 감정적 몰입을 할 수 있도록 표준절차를 잘 따라서 내담자가 눈을 감고 현재형을 사용하도록 도와준다. 이러한 절차들을 통해서 내담자는 자신의 기억에 감정적인 연결을 할 수 있게 된다. 때로는 "지금 무엇을 보고 있나요?", "그 방에 대해서 기술하세요.", "어떤 냄새가 나나요?", "무엇을 입고 있었나요?", "어떤 느낌이 드나요?", "무슨 생각을 하고 있나요?"와 같은 내담자의 감정, 생각, 감각적 정보, 기타 상세한 것들에 대해서 질문할 수 있다. 이때 치료자는 내담자에게 현재형을 사용해서 다음과 같은 간단한 질문을 할 수도 있다(예, "그때 무엇을 보셨나요?"라는 질문보다는 "지금 무엇이 보이시나요?"라고 질문하기). 치료자는 내담자가 기술하고 시각화한 부분에 대해서만 질문하고 내담자가 주의를 다시 집중하도록 재지시함으로써 상상노출 상황에 머무르도록 해야 한다.

이러한 질문들이 외상을 이야기하는 동안 감정적 몰입을 증진시킬 수 있지만, 저몰입 내담자에게 지나치게 많은 질문을 던지지는 않도록 해야 한다. 질문을 많이 하게 되면 내담자에게 너무 많은 지시를 하게 되고 상상노출을 하는 동안 내담자와 대화를 하는 것처럼 되기 때문에 내담자의 기억에 감정몰입을 하고 그 이미지에 연결되도록 하는 것을 증진시키기보다는 오히려 경감시키는 결과를 낳게 된다. 치료자로서의 역할은 외상기억을 이야기하는 동안 내담자가 자신의 감정에 접근하도록 촉진하는 것이지 지나치게 지시적이어서 그 기억의 프로세싱을 방해하는 것은 아니라는 것을 명심해야 한다.

내담자가 몇 회기동안 지속적으로 저몰입 상태로 있다면, 내담자가 노출의 이론적 근거들을 떠올리도록 돕는다. 왜 치료자가 내담자에게 고통스러운 기억을 감정적으로 연결하도록 요구하는지에 대한 이유를 설명하고, PTSD 증상을 치료하기 위해 감정몰입이 왜 중요한지에 대해서 설명해 주도록 한다. 이 때, 내담자에게 기억해 내는 것은 감정적인 자극을 주기는 하지만 위험한 것은 아니며, 그 기억을 이야기하고 시각화하는 것은 그 기억을 직면하는 것과 같지 않다는 것을 상기시켜 준다. 또한 적절한 상황이라면 내담자에게 외상과 연관된 감정을 느낄 때 무슨 일이 발생할 것 같은지 그 두려움에 대해서 물어보도록 한다(예, "통제 능력을 상실해 버릴 거예요.", "난 완전히 부서져 버릴 거예요.", "울게 될 거예요.", "불안을 멈출 수 없는 상태가 되어 버릴 거예요."). 내담자의 감정을 수인하지만 치료자는 내담자가 이런 정서적 고통 자체가 위험한 것은 아니라는 것을 깨닫도록 도와주어야 한다. 내담자에게 연구 결과를 알려주는 것도 도움이 되는데, 실제로 연구 결과에 의하면 감정몰입이 회복을 촉진한다는 사실을 알려주도록 한다. 내담자에게 "감정으로부터 스스로를 보호하기 위해서 만든 이 벽을 넘어서게 하려면 저희가 무엇을 해야 하나요?"와 같은 은유적인 방법을 사용하는 것도 도움이 된다.

마지막으로 내담자가 이러한 문제들에 대해서 전혀 이해하지 못할 때에는 외상기억을 이야기할 때 어떻게 감정적 몰입을 하는지 모델링을 통해 알려주는 것도 도움이 될 수 있다. 역할극을 하여 어떻게 상상노출을 통해 몰입하는지 보여주겠다고 내담자에게 설명하도록 한다. 치료자는 내담자의 외상이야기에 대해 잘 알고 나서 내담자가 눈을 감고 현재형을 사용하여 외상경험에 대한 감정과 생각을 상세하게 기술하고 또 목소리와 얼굴 표정, 몸짓 모두에 감정을 실어서 외상경험을 기술할 수 있도록 한다.

과몰입

"과몰입"이란 상상노출을 통해 외상기억에 접근할 때 과도한 정서적 고통 상태에 이르게 되는 것을 말한다. PE 치료 초기에 내담자들은 눈물을 흘리거나 정서적으로 심한 자극을 받아 고통스러워한다. 그렇기 때문에 내담자가 심한 감정적 자극을 받은 상태를 넘어서 과도하게 몰입되어 있을 때를 파악하는 것은 쉬운 일이 아니다. 내담자가 과도하게 몰입하거나 심한 정서적 고통을 받고 있는지 파악하는 하나의 방법은 그 상황에 닥쳤을 때 내담자가 학습이 가능한 상태인지 여부를 치료자 스스로에게 물어보는 것이다. 내담자가 상상노출을 하는 동안 벌어지는 일을 관찰하고 또 통합할 수 있는 능력이 있는가? 또는 외상기억에 대한 상상노출을 하는 동안 내담자가 실제로 그 외상사건으로 되돌아가 있는가? 내담자가 기억이 고통스럽기는 하지만 위험하지는 않다는 경험을 함으로써 자신이 통제 불가능한 상태가 되거나 미쳐버리거나 혹은 불안이 영속되지 않을 것이라는 생각을 학습할 수 있는가? 그렇지 않다면 내담자는 과몰입을 하고 있을 가능성이 높다.

PE 치료를 받은 수백 명의 외상피해생존자들 가운데 아주 극소수의 내담자만 과몰입하는 것으로 나타났다. 과몰입에는 두 개의 형태가 있는데, 하나는 "해리적 형태"이고 또 하나는 "감정적으로 압도된 형태"이다. 해리적 상태의 과몰입 내담자는 현재 순간을 안전하게 느끼고 안정감을 유지하는 것을 어려워한다. 즉 외상기억을 이야기하는 것이 실제로 외상을 맞닥뜨리는 것과 같이 느끼게 되는 것이다. 이 내담자들은 상상노출을 할 때 신체 기억이나 플래시백을 경험하게 된다. 이러한 경험을 할 때 내담자는 치료자의 질문이나 지시에 잘 반응하지 못하는 경향이 있고, 노출을 시행하는 동안 신체 동작은 외상사건 때 발생했던 실제 행동을 그대로 닮아 있었다. 정서적 고통과 SUDS 수치는 매우 높았으며 반복적인 노출에도 습관화는 일어나지 않았다. 이때 내담자는 현재경험에서 동떨어져 있거나 해리적 상태를 보였다.

감정적으로 압도된 과몰입 내담자는 오랜 기간 동안 울거나 흐느끼는 경우가 많았다. 그러나 이 때 치료자는 내담자가 수차례의 회기 동안 심하게 우는 행동을 보이지 않는다면 과몰입 상태라고 생각해서는 안 된다. 앞서 말한 바대로 처음 2-3 회기동안 많은 내담자가 외상경험에 감정적인 몰입을 하고 이것을 기술하는 것이 정서적으로 매우 고통스럽다고 말하며, 상상노출을 할 때에는 높은 수준의 정서적 고통을 호소하게 된다. 그러나 너무나도 높은 수준의 정서적 고통이 계속 이어진다면 내담자가 자신의 외상을 실제로 프로세싱 하거나 조직화하지 않고 있다고 볼 수 있다. 이 때 내담자는 부동상태가 되어서 외상에 대해서 말하거나 기술하기보다는 흐느끼거나 우는 행동만 보이게 된다. 내담자가 상상노출을 할 때 이러한 행동은 매우 퇴행적인 것처럼 보이거나 발달적으로 미성숙해 보이기도 한다. 만약 내담자가 과몰입하거나 높은 수준의 정서적 고통을 보이는지 여부를 판단할 수 없다면 위에 언급한 질문들을 기억하도록 한다. 지금 보이는 내담자의 경험이 학습에 도움이 되는 것일까? 내담자가 보이는 고통이 이를 극복하려고 하는 것일까? 아니면 그 외상에서 빠져 나오지 못하는 상태일까? 내담자가 상상노출 과정을 녹음한 것을 반복해서 들을 때 무언가 유용한 것을 배울 수 있을까? 그렇지 않다면 몰입을 줄이기 위해서 표준 절차를 수정하는 것이 좋다.

노출의 절차를 수정할 때 주요 목표는 내담자가 현재에 머물러 있으면서 치료하는 공간에 안전하게 있다는 것을 알고 자신의 정서적 고통을 잘 통제할 수 있는 상태에서 성공적으로 자신의 외상기억을 기술하는 것을 돕는 것이다. 내담자와 이러한 문제를 논의하면서 치료자는 내담자가 자신의 외상적 경험을 말할 때 어떠한 지시나 도움을 주는 것이 좋을지에 대해 물어보는 것도 바람직하다. 필요하다면 상상노출의 이론적 근거를 다시 떠올리게 함으로써 실제의 외상은 기억과 차이가 있다는 것을 학습시키고, 외상 그 자체는 위험한 것이지만 그 기억을 떠올리는 것은 고통스럽지만 위험한 것은 아니라는 것을 강조하도록 한다. 외상사건을 이야기하는 동안 감정몰입을 낮추기 위해서 표준 절차를 수정하도록 한다.

과몰입을 하는 내담자에게 해야 하는 첫 번째 단계는 몰입을 증진시키는 절차들을 바꾸는 것이다. 노출 장면을 기술할 때 눈을 뜨고 있도록 하거나 외상기억을 이야기할 때 현재형보다는 과거형을 사용하도록 하는 것이 바로 그것이다. 때로는 이러한 두 개의 수정만으로도 충분히 과몰입을 경감시킬 수 있다. 또는 내담자가 외상기억을 이야기할 때 치료자가 참여하는 것도 도움이 된다. (내담자에게 가끔 말을 함으로써 치료자와 같이 있다는 느낌을 갖도록 하거나 공감적으로 의사소통 하는 것) 이러한 코멘트들은 내담자의 노력을 칭찬하거나 인정해 주는 지지적인 진술이지만 내담자가 자신의 기억에 머무를 수 있도록 격려하는 정도가 바람직하다. (예, "이 과정이 매우 힘들다는 것을 잘 압니다. 하지만 지금 아주 잘 하고 있어요. 이것이 매우 고통스럽다는 것을 알고 있습니다. 그렇지만 여기는 안전한 곳이고 그 기억은 당신을 해할 수는 없습니다.") 외상사건은 끝났고 한 발은 치료실에 두고 또 다른 발은 외상기억을 단순히 떠올리고 있다는 것을 잊지 않도록 하는 것도 도움이 될 수 있다.

　과몰입한 내담자가 심하게 고통스러워하거나 외상기억을 상상하고 이야기하는 것에 압도되어 있다면 눈을 뜨게 하고 과거형으로 외상을 이야기하도록 하는 것이 최선일 때가 있다. 이것의 목표는 치료자가 지지하고 있다는 느낌을 전달해 주면서도 동시에 외상사건에 대해서 상세하게 말할 수 있도록 하는 통제감과 자신감을 증진시키는 것이다. 내담자가 외상을 이야기할 때 그 안에 머물러 있는 것 같이 느껴진다면(특히, 심하게 정서적 고통을 주거나 두려운 부분들을 다룰 때), 그 기억을 앞으로 가게 해서 내담자에게 "그 일 이후에 무슨 일이 있었나요?"라는 질문을 던짐으로써 그 사건은 과거에 있었던 일이라는 것을 깨달을 수 있도록 돕는다. 어떤 내담자들의 경우에는 외상사건을 이야기할 때 대화 형태로 하는 경우도 있다. 가능하다면 내담자가 자신의 외상기억에 잘 몰입하고 정서적 고통이 경감된다면 내담자가 치료자와 대화하는 것을 줄이고 치료자의 지지나 격려 없이 외상사건을 이야기할 수 있도록 돕는다.

　과몰입하는 내담자를 위한 또 다른 수정 절차는 외상기억을 직접 이야기하도록 하기보다 글로 쓰도록 하는 것이다. 이것은 회기 중 뿐만 아니라 숙제를 할 때에도 활용될 수 있다. 내담자에게 외상사건에 대해서, 생각과 감정, 행동, 감각을 포함하여 무슨 일이 있었는지를 상세하게 기억하도록 한다 (예, "바깥은 아주 깜깜했어요.", "저는 골목길을 걸어가고 있었어요."). 내담자가 외상사건에 대해서 잘 기술하고 습관화와 통제감을 잘 가진 것으로 보이면 쓴 글을 읽어 보도록 하거나 치료자가 직접 내담자에게 읽어주도록 한다. 아니면 쓴 글을 돌아가면서 몇 번에 걸쳐 읽도록 한다.

　치료자는 또 내담자에게 스스로 지지감을 느끼거나 현재에 머무를 수 있도록 하는 다른 방법이 있는지 물어볼 수 있다. 신체적인 접촉이 도움을 줄 수 있지만 이것은 상상노출을 하기 전에 반드시 논의되어야 하고 실제 노출을 하는 동안에는 말로 설명해 주어야 한다(예, "제가 손을 잡아드릴까요?", "제가 휴지를 건네드리도록 하겠습니다."). 어떤 내담자는 신체적인 접촉을 전혀 원하지 않지만 어떤 내담자는 이러한 것이 도움이 되기도 한다. 어떤 내담자들의 경우에는 노출하는 동안의 정서적 고통을 극복하기 위해 치료자의 손을 잡고 있는 경우도 있다. 일반적으로 내담자가 실제상황노출이나 상상노출을 할 때 호흡 기법을 적용하는 것이 안전 행동으로 여겨질 수 있기 때문에 권하지 않지만 과몰입 내담자들의 경우에는 첫 번째 회기에 배운 천천히 하는 호흡 기법을 사용하도록 지시하기도 한다. 내담자가 외상기억을 이야기할 때 매우 불안해 보이거나 안절부절하지 못하는 상태일 때는 내담자에게 스트레스 볼이나 수건 같은 것을 주어서 만질 수 있도록 하기도 한다. 이전에 한 내담자의 경우에는 자신의 외상사건을 기술하면서 몰입 상태를 유지하고 동시에 현재에 잘 머물기 위해 치료자와 같이 바깥을 걷기도 하였다.

성공적인 지속노출치료의 장애물들

회피

내담자는 공포스러운 기억과 상황을 직면할 때 도피나 회피하려는 충동을 느끼게 된다. 회피는 치료기간동안 효과적인 노출을 방해하는 주요 장애 요인이다. 어떤 내담자들은 치료 과정에서 수회기 동안 하게 되는 상상노출과 실제상황노출을 실행하자마자 회피에 대한 충동이 증가되는 경험을 하게 되기도 한다. 회피를 하고자 하는 충동을 느끼게 될 때 내담자는 기분 상태가 좋아지기 전 더 나빠지는 것 같은 느낌을 갖게 되고 증상이 악화되는 느낌을 갖기도 한다. 치료자는 이러한 회피가 일어날 것을 미리 예측할 수 있도록 돕고 이러한 경험이 나쁜 결과로 연결되는 것은 아니라는 것을 내담자에게 알려주도록 한다.

치료자는 회피가 주요 문제라고 파악하게 되면 내담자가 회피하려는 충동과 불안을 PTSD 증상의 일부분이라고 명명화하도록 한다. 동시에 회피가 단기적으로는 불안을 경감시키는 것 같지만 장기적으로는 공포감을 지속시키고 내담자가 회피했던 상황이나 기억, 생각, 충동, 이미지들이 위해하거나 위험하지 않다는 사실을 학습하기 어렵게 한다는 것을 가르쳐 주도록 한다.

반복적으로 회피 행동을 보이는 경우에는 노출의 이론적 근거에 대해서 다시 충분히 설명해 주도록 한다. 이 장의 앞부분에 설명한대로 치료자와 내담자는 상상노출훈련의 경과를 상세하게 검토하여 작지만 점진적인 진전이 가능하도록 목표를 나누는 것도 좋은 방법이다. 예를 들어, 우리는 이러한 갈등을 내담자가 노출과 회피의 담장 위에 올라 앉아 있는 것으로 묘사하기도 한다. 이 담장 위에서 내려오는 것이 어렵다는 것은 알지만 그 담장 위에 앉아 있을 때 공포감은 지속되고 치료 경과도 더딜 것이라는 점을 알려주도록 한다. 때로는 내담자들에게 불안한 감정이 내담자의 의지와 관계없이 촉발되도록 하기보다는 이 불안한 감정들을 적극적으로 불러일으켜 이를 정복하여 치료가 되도록 격려하기도 한다. PE의 주요 목표는 내담자로 하여금 이 불안이 불편감을 가져다주지만 위험하지 않으며, 치료는 외상과 연관된 공포 상황이나 기억을 회피하는 것이 아니라 직면함으로써 불안을 감내하도록 하는 방법을 배우는 것임을 강조하도록 한다.

마지막으로 내담자에게 처음 치료를 시작한 이유를 검토하도록 하는 것도 도움이 될 수 있으며 (예, PTSD 증상이 어떻게 삶의 만족도를 떨어뜨렸는지에 대해서 다시 살펴보기), 지금까지 성취한 결과들을 검토하는 것이 도움이 되기도 한다. 치료자의 공포를 수인(validate)하고 노출하는 것이 어렵다는 것을 공감하며 이러한 중요한 문제들을 다시 일깨우는 것만으로도 내담자가 회피에 대항하여 다시 싸울 수 있도록 할 수 있다.

분노와 기타 부정적 감정들

처음에는 노출치료가 과도하거나 병리적인 불안을 경감시키는 치료로서 여겨져 왔지만, PTSD로 고통 받는 사람들을 수년간 치료해오면서 PE가 공포감이나 불안감 이상의 감정을 프로세싱 하는 것을 촉진한다는 점을 알게 되었다. PE 과정에서는 강한 감정들이 자극되어 활성화된다. 내담자들은 상상노출할 때나 자신의 외상을 프로세싱 할 때, 분노와 슬픔, 애도, 수치심, 죄책감 같은 감정들을 느낀다고 보고하기도 한다. 이러한 감정 가운데 분노감정이 가장 많은 이들의 관심을 불러 일으켰다.

외상기억을 이야기할 때 강렬한 분노감을 느끼고 이를 표현하는 것은 외상기억과 연관된 주요 공포감에 몰입하는 것을 방해하고 내담자의 정서상태를 지배함으로써 감정프로세싱을 방해하게 된다. 몇몇 경험과학적 연구 결과에서도 이러한 문제를 발견하였다. PTSD의 치료 과정에서 내담자가 화와 분노를 표출할 때 치료자는 이 감정이 PTSD 증상으로써 외상에 적절한 반응이라고 수인해 주도록 한다. 그리고 나서 노출을 할 때에는 분노감은 내담자가 외상기억과 연관된 공포와 불안에 몰입하는 것을 방해하여 결국 감정프로세싱과 회복에 장애 요인이 된다는 것을 알려주도록 한다. 필요하다면 내담자가 자신의 분노 에너지를 더 나아지는 방향으로 집중하도록 하거나 또 다른 동일하게 중요한 요소들에 집중하도록 하기 위해서 옆으로 밀어두도록 지시한다. 내담자가 강렬한 분노를 일으키는 외상기억과 외상을 상기시키는 요인들에 몰입할 때, 필요하다면 프로세싱 단계에서 반복적인 대화를 하는 것도 좋은 방법이다.

주목할 만한 관련 연구로, 카힐(Cahill)은 1999년 포아(Foa), 단큐(Dancu) 박사의 PTSD 치료 연구에 참여하였던 내담자 연구 샘플을 사용하여 치료 과정에서 자기 보고를 통한 분노에 변화가 있는지를 조사하였다. 이 연구에서는 PE/SIT 치료가 모두 공포의 경감에 초점이 맞춰져 있었지만 치료 후 분노감도 현저하게 감소시켰다는 결과를 발견하였다.

우리는 PE가 외상과 외상 이후의 사태에 대해 강렬한 정서 반응을 촉진시키고 감정적으로 프로세싱 시키는 강력한 도구라는 것을 알고 있다. 이러한 다양한 감정과 이와 연관된 생각과 신념 체계를 상상노출 프로세싱 이후에 논의함으로써 내담자가 자신의 외상사건에 대해서 보다 현실적이고 정확한 관점을 형성시킬 수 있도록 도울 수 있다.

혼돈과 위기 : PTSD의 치료에만 집중하기

2장에 기술한 대로 만성적인 PTSD는 다양한 정신과적 장애와 공병될 확률이 매우 높다. 우울증이나 기분부전 장애, 다른 여타의 불안 장애, 알코올이나 마약 남용, 의존 장애는 흔히 발견되는 질병이다. 뿐만 아니라 만성적 PTSD를 겪고 있는 내담자는 혼돈스러운 라이프스타일을 가져오는 다양한 삶의 스트레스에 직면한다. 내담자가 초기 혹은 여러 개의 외상적 경험으로 인해 건강한 형태의 대처 스킬을 발전시키지 못한 상태라면 치료를 할 때 내담자는 위기 상태일 경우가 많다. 만성적 PTSD 를 겪는 내담자들은 감정 조절에 어려움을 겪고 자기 파괴적 충동 조절 문제가 있으며(과음, 위험 행동) 가족 구성원들이나 타인과 심한 마찰이 있고 자살관념을 동반한 심각한 우울증을 흔히 호소한다. 치료자는 이러한 문제들에 관심을 기울여야 하지만 잠정적으로 이러한 문제들은 PTSD 치료의 집중력을 흐트러뜨린다는 것을 알아야 한다. 이 치료자 매뉴얼에 소개한 대로 치료 전 평가에서 만성적 PTSD가 내담자의 주요 문제라고 결정했다면 치료자는 PTSD에 집중하고 필요할 경우에 정기적으로 다른 문제들에 대해서 재평가하도록 한다.

내담자의 감정과 행동이 내담자 자신과 타인의 안전에 심각한 위해가 된다고 판단했을 때에는 PE 를 연기시킬 필요도 있다. 그러나 위기가 임박한 위험 상황을 동반하지 않는다면 내담자가 치료 계획을 잘 따름으로써 PTSD 증상과 이와 연관된 문제들을 경감시켜 나가도록 하는 것이 바람직하다. PTSD 치료에 초점을 맞추면서, 내담자가 PTSD 증상으로부터 회복하고자 하는 의지가 있다는 점을 명확하게 지지해 주도록 한다. 내담자가 나아지기를 원하고 치료 프로그램에 따라 건강한 대처 방식을 습득하려고 하는 모든 노력에 박수를 치며 지지한다는 의지를 전달해 주는 것이 도움이 된다. 적절하다면 치료자는 PTSD와 연관하여 이러한 위기들이 내담자가 습득한 기술들을 증진시켜주고 결국 PTSD 증상이 경감될 것이라고 말해 주도록 한다. 이렇게 함으로써 치료자는 내담자가 겪는 위기의 순간에 정서적인 지지를 하고 PTSD 치료에 집중해 나갈 수 있게 된다.

PTSD의 인지행동적 개입을 검토한 로스바움(Rothbaum)은 모든 사람이 노출치료에 적절하지는 않다는 연구 결과를 내놓았다(Rothbaum, 2000). 외상피해생존자들 가운데 외상을 상기시키는 것이나 기억을 직면하는 것을 거부하고 단기적으로 상승하는 PTSD 증상과 불안감을 감내하기를 어려워하는 경우, 내담자가 가해자일 경우, 특히 죄책감이 주 감정일 때 또는 외상의 주요 감정 반응이 분노일 경우가 이에 해당될 것이다(For, Molanar, and Cashman, 1995). 그러나 카힐(Cahill)의 연구에서도 위에 언급한 내담자를 PE 치료에서 배제하는 것을 제안하는 것은 아니다. 로스바움의 연구 역시 제한은 있을 수 있지만 노출치료가 PTSD를 경감시키는 가장 강력한 경험과학적 근거가 있다고 결론지었으며 다른 이유가 없다면 처음 시행하는 개입치료가 되어야 한다고 결론지었다. 따라서 내담자가 위기 상황일 때라도 가능하다면 PE가 치료의 초점이 되도록 하는 것이 바람직하다. 왜냐하면 PTSD와 우울증, 또 이와 연관된 증상을 감소시키며 내담자의 자기 효능감과 자신감을 증진시키게 되면 미래에 발생할 수 있는 위기를 좀 더 잘 극복할 수 있도록 하는 능력을 촉진시킬 뿐만 아니라 이러한 위기를 막을 수 있기 때문이다.

• 부록 A 외상 인터뷰

• 부록 B 실제상황노출 순위표

외상 인터뷰

(치료자가 회기 1에서 사용하는 인터뷰 질문)

외상 인터뷰

- 내담자 : _____
- 치료자 : _____
- 날   짜 : _____

- 주의 사항 : 이 인터뷰는 초기진단 면접이나 전체 임상 평가를 한 후 평가 결과에서 내담자가 적어
  도 하나 이상의 DSM-IV의 준거 A에 해당하는 외상경험이 있고 PTSD 진단을 받았거
  나 현저한 PTSD 증상을 경험하고 있다는 것을 전제로 구성되어 있으며 치료자는 이
  정보를 모두 검토하여 숙지하고 있어야 한다.

- 나이 : _____   • 교육 수준 : _____   • 생년월일 : _____
- 인종

1. 아프리칸 어메리칸	5. 아시안/태평양 원주민
2. 혼혈	6. 히스패닉
3. 코카시안(백인계)	7. 기타
4. 미국 원주민	8. 미상

- 결혼 여부 : _____   • 같이 거주하고 있는 사람 : _____   • 직업 상태 : _____
- 현재 직업 : _____
- 정신과적 진단이나 상태(초기 평가를 마치고 회기를 시작하기 전에 이 정보를 얻도록 하고, 필요

하다면 다시 점검할 것):

- 현재 받고 있는 기타 치료 (초기 평가에서 얻어야할 정보, 필요하다면 질문할 것):

내담자에게 말할 것 : 제가 지금부터 외상경험에 대해 몇 가지 질문을 드리면서, 외상사건이 발생한 이후 혹은 최근에 어떻게 느껴오셨는지에 대해 질문을 드릴 것입니다. 어떤 주제들은 말씀하시기 어려운 내용일 수 있습니다. 조금이라도 힘들게 느끼시는 것을 덜기 위해서 제가 도울 수 있는 것이 있다면 곧바로 말씀해주십시오. 시작하기 전에 혹시 질문 있으신가요?

_____ 선생님(초기 평가자의 이름)과 진행하셨던 초기 평가 (또는 인터뷰)에서 정보를 얻었기 때문에 외상에 대해서 어떤 이야기를 해주셨는지 알고 있습니다. 초기 평가 시 작성된 노트를 통해서 .....[간단하게 초기 평가에서 얻어진 외상 정보를 요약해서 말할 것] 라고 이해하고 있습니다.

말씀 드린 내용이 맞나요? 추가하고 싶으신 내용이 있으신가요?

어떤 분들은 또 다른 외상사건을 겪기도 합니다. 또 다른 외상을 경험하신 적이 있으신가요? 다른 외상사건을 직접 경험하셨거나, 목격하셨거나, 맞닥뜨린 적이 있으신가요?

치료자 주의 사항 : 만약 내담자가 확신을 가지고 말하지 못한다면 준거 A 외상 종류에 해당되는 목

록 전체 혹은 일부를 알려주는 것이 좋다 :

- 자연 재해(예, 토네이도, 태풍, 화재, 또는 홍수)

- 심각한 사고나 상해

- 전쟁 또는 전쟁 지역에 머묾

- 급성적인 위독한 질병

- 가까운 친구나 가족의 사고사 또는 살해당함

- 가까운 친구나 가족의 자살

- 총, 칼, 기타 무기로 공격받음

- 무기는 없었지만 죽이거나 심각한 상해를 입히려는 의도에 의한 공격을 받음

- 심각한 폭력 피해 (i.e., 표시나 멍이 생길 정도로 폭력을 당함) 혹은 심각한 신체 폭력을 목격

- 아동이나 청소년기 성학대 피해

- 원하지 않은 성적 접촉을 하도록 신체적으로 강요받거나 이에 대한 위협을 받음

- 강간 또는 강간 미수 피해

- 가중 폭행 피해

목표 외상에 대한 확인(예, PE 치료에서 일차적으로 집중할 외상사건)

내담자에게 말할 것 : 경험하신 외상사건들*[내담자가 밝힌 외상사건들을 요약한다]* 가운데 현재 가장 고통스러운 것이 무엇인가요? 가장 심한 정서적 고통을 만들어내는 것은 어떤 사건인가요? *[내담자가 이에 대해 말하기 어려워하는 경우 필요한 만큼 추가적인 질문을 할 수 있다; 예, "생각하고 싶지 않아도 가장 자주 떠오르는 생각이 무엇인가요? 가장 화나고 힘들게 하는 것이 무엇인가요? 최악이라고 느껴지는 것은 무엇인가요? 어떠한 사건이 가장 두렵게 느껴지나요?]*

외상사건을 기술하시오 :

내담자에게 말할 것 : 당시에 생각하고 느꼈던 것을 기억할 수 있으신가요? 사건이 일어날 때, 살해당하거나 심각하게 상해를 입을 것이라는 생각을 하셨나요?

_____ 예   _____ 아니오

_____ 동안 [목표로 정한 외상사건을 넣으시오], 무기력감이나, 섬뜩하거나 혹은 공포스러웠나요?

_____ 예   _____ 아니오

공격자나 가해자가 있었다면, 어떤 사람(들)이었나요?

1. 모르는 사람   9. 남자친구/ 여자친구
2. 아는 사람   10. 남편/ 아내/ 파트너
3. 적   11. 조직
4. 테러리스트   12. 권위 있는 사람 (자세히 기술하시오) _____
5. 친구   13. 친척
6. 부모   14. 이웃
7. 형제자매   15. 기타 _____
8. 성직자   16. 미상 _____

외상이 발생한 장소는 어디인가요?

1. 집
2. 공격자의 집
3. 친구/친척의 집
4. 공언, 거리, 골목
5. 주차장 / 차고

6. 학교
7. 학원
8. 전쟁터
9. 공공 장소 _____
10. 빈집이나 공터와 같이 한적한 곳 _____

11. 차, 버스, 기차, 비행기
12. 직장
13. 기타 (기술하시오) _____

신체적인 상해를 입었었나요? 당시 다친 것으로 인해 지금까지도 영향을 받는 문제가 있나요?

의료적 처치를 받았나요? 도움이 되었나요? 지금도 상해나 문제로 인해 의료 서비스를 받고 있나요?

외상으로 인해 형사소송이나 법적 조치를 행사한 적이 있나요? 지금은 어떠한 상황인가요? (질문이 적절한 경우) 이 일이 어떤 영향을 미치고 있나요?

내담자에게 말할 것 : 이 외상의 발생에 대해서 현재 누가 잘못을 했다고 느끼시는지에 대해 질문을 드릴 것입니다. 이 질문에는 정답이나 오답이 없으며 꼭 누군가에게 책임을 지우지 않아도 됩니다. 심리치료를 진행하는 과정에서 _____ 님이 사건에 대해 어떠한 관점을 가지고 있는지와 어떻게 반응하고 계신지에 대해 치료자로서 잘 이해하는 것이 바람직하기 때문에 질문을 드리는 것입니다. 괜찮으시겠어요?

누구의 잘못 때문에 외상이 발생했다고 생각하나요?

　1. 나　　　　　　　　　　　5. 친구 또는 아는 사람

　2. 공격자(들) 또는 가해자들　　6. 환경

　3. 조직　　　　　　　　　　7. 운

　4. 정부　　　　　　　　　　8. 기타 (기술하시오) _____

그렇게 생각하는 이유는 무엇인가요? (i.e., 그 사람 또는 조직이 외상에 대해 어떤 책임이 있다고 생각하시나요?)

외상에 대해 또는 외상에 대한 반응에 대해 죄책감을 느낀 적이 있나요? 수치감을 느끼셨나요? 분노를 느끼셨나요? 현재 이러한 감정은 얼마나 많이 느끼고 있나요?

외상 이후 신체 및 정신 건강 상태

외상사건 이후 신체적 건강은 어땠나요? (혹은 외상이 오래 전에 발생했다면: 최근 건강은 어떤가요?)

　_____ 좋음　　_____ 보통　　_____ 나쁨

건강 문제가 있다면, 어떤 문제를 가지고 있나요? 외상사건과 관련이 있나요?

정서적 지지를 받을 수 있는 사람들을 많이 알고 있나요? 어떤 사람과 시간을 보내거나 대화하는 것을 좋아하나요? 최근에 친구나 가족과 연락을 지속적으로 취해왔나요?

외상 이후에 기분 상태는 어떠신가요? (혹은, 외상이 오래전에 있었던 일이라면: 최근에 기분이 어떠신가요?) 기분이 가라앉거나 우울감을 느끼시나요? 평소에 관심을 가지고 있던 일에 흥미를 느끼나요?

주의 사항 : 내담자가 우울한 기분을 느끼지 않는다고 하더라도, 자살 관념과 행동에 대해 질문을 하도록 한다 :

외상 이후에 살아갈 의미가 없다고 생각하거나 자살에 대해서 생각해 본 적이 있으신가요? 있다면, 얼마나 자주였나요?

자살 계획을 구체적으로 세워본 적이 있나요? 그리고 이것을 행동으로 옮겨본 적이 있나요(예, 자살할 장소나 날짜를 정하거나, 총을 사거나, 약을 모으는 것과 같은 행동)?

계획을 행동으로 옮기거나 스스로 상해를 입히려는 의도가 있었나요?

외상 후에 혹은 그 전에라도 자살 시도를 한 적이 있나요? 언제였나요? (필요하면 자살 위기 평가를 할 것)

어떤 방식으로든 자해를 고의적으로 한 적이 있나요? (필요하다면: 예를 들어, 사람들은 때때로 의도 적으로 자신을 상해하거나, 칼로 긋거나 화상을 입히기도 하고, 잠재적으로는 자기 파괴적인 행동으로 볼 수 있는 행동을 하기도 합니다.) 필요하다면 질문할 것: 어떤 자기 파괴적 행동을 했었나요? 마지막으로 자해 행동을 한 것이 언제였나요? 만약 실제 행동으로 옮기지 않았다면 그 충동을 어떻게 조절할 수 있나요?

'예'라고 답하면, 기술하시오 :

외상으로 인해서 정신과 의사나 심리학자를 찾아가 본 적이 있나요? 위기 개입이었나요(본 치료는 제외함)?

    _____ 예   _____ 아니오

'예'라고 답하면, 기술하시오 :

외상 이후에 감정적 상태나 불안감으로 인해 병원에 입원한 적이 있나요? 자살 시도였나요? 알코올 또는 약물 치료였나요?

_____ 예   _____ 아니오

입원을 하게 된 이유를 알려주세요 :

징후가 있다면 현재 위기평가와 계획에 대해 요약하시오 :

알코올 및 약물 사용

마약이나 약물 사용에 대해 질문을 하려고 합니다. 외상 이후에 : (아래의 각각의 항목을 차례대로 질문할 것)

처방받은 약물 (약물 이름과 사용 빈도를 기록할 것)

불법 마약류 (종류와 사용 빈도를 기록할 것)

약국에서 구입한 약 (종류와 사용 빈도를 기록할 것)

평균적으로 하루에 술을 몇 잔정도 마시나요?(한 잔은 맥주 한 캔(약 360ml), 칵테일 한 잔, 또는 와인 한 잔(약 120 ml) 정도를 의미함) 외상 이후에 음주 패턴에 변화가 있었나요? "예"라고 말하면, 어떻게 달라졌나요?

술이나 마약 사용으로 인해서 법적, 사회적 또는 직업적인 문제가 생긴 적이 있나요?
　　　 예　　　　　 아니오

자신에게 술이나 마약 문제가 있다고 생각하시나요?
　　　 예　　　　　 아니오

PTSD가 현재 삶에 어떠한 영향을 주고 있는지 제가 꼭 알아야 하는 것들이 더 있나요?

실제상황노출 순위표 (In Vivo Exposure Hierarchy)

• 내담자 : _____   • 날 짜 : _____

• 치료자 : _____

주관적 불편감 고정점(SUDS Anchor Points)

0 - _____   50 - _____   100 - _____

항목	SUDS(회기 2)	SUDS(마지막 회기)
1.		
2.		
3.		
4.		
5.		
6.		
7.		
8.		
9.		
10.		
11.		
12.		
13.		
14.		
15.		
16.		
17.		
18.		

참고문헌

American Psychiatric Association. (2000). *Diagnostic and statistical manual of mental disorders (4th ed.)-Text Revision.* Washington, DC: Author.

Amir, N., Stafford, J., Freshman, M. S., & Foa, E. B. (1998). Relationship between trauma narratives and trauma pathology. Journal of Traumatic Stress, II, 385-392.

Barlow, D. H. (2004). Psychological treatments. American Psychologist, 59, 869-878.

Beck, A. T., Ward, C. H., Mendelson, M., Mock,J., & Erbaugh, J. (1961). An inventory for measuring depression. *Archives of General Psychiatry, 4*, 561-571.

Breslau, N. (1998). Epidemiology of trauma and posttraumatic stress disorder. In R. Yehuda (Ed.), *Psychological trauma* (pp. 1-29). Washington, DC: American Psychiatric Press.

Breslau, N., Davis, G. C., Andreski, P., & Peterson, E. (1991). Traumatic events and posttraumatic stress disorder in an urban population of young adults. *Archives of General Psychiatry*, 48, 216-222.

Cahill, S. P., & Foa, E. B. (2004). A glass half empty or half full? Where we are and directions for future research in the treatment of PTSD. In S. Taylor (Ed.), *Advances in the treatment of posttraumatic stress disorder: Cognitive-behavioral perspectives* (pp. 267-313). New York: Springer.

Cahill, S. P., Hembree, E. A., & Foa, E. B. (2006). Dissemination of prolonged exposure therapy for posttraumatic stress disorder: Successes and challenges. In Y. Neria, R. Gross, R. Marshall, & E. Susser (Eds.), *Mental health in the wake of terrorist attacks* (pp. 475-492). Cambridge: Cambridge University Press.

Cahill, S. P., Rauch, S. A. M., Hembree, E. A., & Foa, E. B. (2003). Effectiveness of cognitive behavioral treatments for PTSD on anger. *Journal of Cognitive Psychotherapy*, 17(2),113-131.

Feeny, N.C., Zoellner, L.A., & Foa, E. B. (2002). Treatment outcome for chronic PTSD among female assault victims with borderline personality characteristics: A preliminary examination. *Journal of Personality Disorders, 16*, 30-40.

First, M. B., Spitzer, R. L., Gibbon, M., &Williams, J. B. (1995). *Structured Clinical Interview for DSM-IV Axis I Disorders-Patient Edition (SCID-I/P, Version 2).* New York: Biometrics Research Department, New York State Psychiatric Institute.

Foa, E. B., & Cahill, S. P (2001). Psychological therapies: Emotional processing. In N.J. Smelser & P B. Bates (Eds.), *International encyclopedia of the social and behavioral sciences* (pp. 12363-12369). Oxford: Elsevier.

Foa, E. B., Cashman, L., Jaycox, L., & Perry, K. (1997). The validation of a self-report measure of posttraumatic stress disorder: The Posttraumatic Diagnostic Scale. *Psychological Assessment, 9,* 445-451.

Foa, E. B., Dancu, C. V., Hembree, E. A., Jaycox, L. H., Meadows, E. A., & Street, G. P (1999). A comparison of exposure therapy, stress inoculation training, and their combination for reducing posttraumatic stress disorder in female assault victims. *Journal of Consulting and Clinical Psychology, 67,* 194-200.

Foa, E. B., Davidson, J. R. T., & Frances, A. (1999). The expert consensus guideline series: Treatment of posttraumatic stress disorder. *Journal of Clinical Psychiatry, 6o,* 4-76.

Foa, E. B., Hembree, E. A., Cahill, S. P, Rauch, S. A., Riggs, D. S., Feeny, N. C., and Yadin, E. (2005). Randomized trial of prolonged exposure for PTSD with and without cognitive restructuring: Outcome at academic and community clinics. *Journal of Consulting and Clinical Psychology, 73,* 953-964.

Foa, E. B., Huppert, J.D., & Cahill, S. P (2006). Emotional processing theory: An update. In B. O. Rothbaum (Ed.), *The nature and treatment of pathological anxiety* (pp. 3-24). New York: Guilford Press.

Foa, E. B., & Jaycox, L. H. (1999). Cognitive-behavioral theory and treatment of posttraumatic stress disorder. In D. Spiegel (Ed.), *Efficacy and cost-effectiveness of psychotherapy* (pp. 23-61). Washington, DC: American Psychiatric Press.

Foa, E. B., & Kozak, M. J. (1985). Treatment of anxiety disorders: Implications for psychopathology. In A. H. Tuma & J. D. Maser (Eds.), *Anxiety and the anxiety disorders* (pp. 421-452). Hillsdale, NJ: Erlbaum.

Foa, E. B., & Kozak, M. J. (1986). Emotional processing of fear: Exposure to corrective information. *Psychological Bulletin, 99*, 20-35.

Foa, E. B., & Meadows, E. A. (1997). Psychosocial treatments for posttraumatic stress disorder: A critical review. In J. Spence, J. M. Darley, & D.J. Foss (Eds.), *Annual Review of Psychology, Vol. 48* (pp. 449-480). Palo Alto, CA: Annual Reviews.

Foa, E. B., Molnar, C., & Cashman, L. (1995). Change in rape narratives during exposure therapy for posttraumatic stress disorder. *Journal of Traumatic Stress-Special Research on Traumatic Memory, 8*, 675-690.

Foa, E. B., & Riggs, D. S. (1993). Post-traumatic stress disorder in rape victims. In J. Oldham, M. B. Riba, & A. Tasman (Eds.), *American Psychiatric Press Review of Psychiatry, Vol. 12* (pp. 285-309). Washington, DC: American Psychiatric Press.

Foa, E. B., Riggs, D. S., Massie, E. D., & Yarczower, M. (1995). The impact of fear activation and anger on the efficacy of exposure treatment for posttraumatic stress disorder. *Behavior Therapy, 26*, 487-499.

Foa, E. B., & Rothbaum, B. O. (1998). *Treating the trauma of rape: Cognitive-behavioral therapy for PTSD*. New York: Guilford Press.

Foa, E. B., Rothbaum, B. O., & Furr, J. M. (2003). Augmenting exposure therapy with other CBT procedures. *Psychiatric Annals, 33*, 47-53.

Foa, E. B., Rothbaum, R. O., Riggs, D. S., & Murdock, T B. (1991). Treatment of posttraumatic stress disorder in rape victims: A comparison between cognitive-behavioral procedures and counseling. *Journal of Consulting and Clinical Psychology, 59*, 715-723.

Foa, E. B., Steketee, G. S., & Rothbaum, B. O. (1989). Behavioral/cognitive conceptualizations of post-traumatic stress disorder. *Behavior Therapy, 20*, 155-176.

Foa, E. B., Zoellner, L. A., Feeny, N. C., Hembree, E. A., & AlvarezConrad, J. (2002). Does imaginal exposure exacerbate PTSD symptoms? *Journal of Consulting and Clinical Psychology, 70*, 1022-1028.

Friedman, M. J., Davidson, J. R. T, Mellman, T. A., & Southwick, S. M. (2000). Pharmacotherapy.

In E. Foa, T. Keane, & M. Friedman (Eds.), *Effective treatments for PTSD: Practice guidelines from the International Society for Traumatic Stress Studies* (pp. 84-105). New York: Guilford.

Harvey, A. G., Bryant, R. A., & Tarrier, N. (2003). Cognitive behaviour therapy for posttraumatic stress disorder. *Clinical Psychology Review, 23*, 501-522.

Hembree, E. A., Foa, E. B., Dorfan, N. M., Street, G., Kowalski, J., & Tu, X. (2003). Do patients drop out prematurely from exposure therapy for PTSD? *Journal of Traumatic Stress, 16(6)*, 555-562.

Hembree, E. A., Rauch, S. A.M., & Foa, E. B. (2003). Beyond the manual: The insider's guide to prolonged exposure therapy for PTSD. *Cognitive and Behavioral Practice, 10, 22-30.*

Institute of Medicine. (2001). *Crossing the quality chasm: A new health system for the 21st century.* Washington, DC: National Academy Press.

Jaycox, L. H., Foa, E. B., & Morral, A. R. (1998). Influence of emotional engagement and habituation on exposure therapy for PTSD. *Journal of Consulting and Clinical Psychology, 66*, 185-192.

Kessler, R. C., Sonnega, A., Bromet, E., Hughes, M., & Nelson, C. B. (1995). Posttraumatic stress disorder in the National Comorbidity Survey. *Archives of General Psychiatry, 52*, 1048-1060.

Kilpatrick, D. G., Resnick, H. S., & Freedy, J. R. (May 1992). *Post-traumatic stress disorder field trial report: A comprehensive review of the initial results.* Paper presented at the annual meeting of the American Psychiatric Association. Washington, DC.

Nacasch, N., Cohen-Rapperot, G., Polliack, M., Knobler, H. Y., Zohar,J., & Foa, E. B. (2003, April). Prolonged exposure therapy for PTSD: The dissemination and the preliminary results of the implementation of the treatment protocol in Israel [Abstract]. *Proceedings of the 11th Conference of the Israel Psychiatric Association, Haifa, Israel.*

Resick, P. A., Pallavi, N., Weaver, T. L., Astin, M. C., & Feuer, C. A. (2002). A comparison of cognitive-processing therapy with prolonged exposure and a waiting condition for the treatment of chronic posttraumatic stress disorder in female rape victims. *Journal of Consulting and Clinical Psychology, 70*, 867-879.

Riggs, D. S., Rothbaum, B. O., & Foa, E. B. (1995). A prospective examination of symptoms of posttraumatic stress disorder in victims of nonsexual assault. *Journal of Interpersonal Violence, 10*, 201-214.

Rogers, P., Gray, N. S., Williams, T., & Kitchiner, N. (2000). Behavioral treatment of PTSD in a perpetrator of manslaughter: A single case study. *Journal of Traumatic Stress, 13*, 511-519.

Rothbaum, B. O., Astin, M. C., & Marsteller, F. (2005). Prolonged exposure versus eye movement desensitization and reprocessing (EMDR) for PTSD rape victims. *Journal of Traumatic Stress, 18*, 607-616.

Rothbaum, B. O., Cahill, S. P., Foa, E. B., Davidson, J. R. T., Compton,J., Connor, K., Astin, M., & Hahn, C.-G. (2006). Augmentation of sertraline with prolonged exposure in the treatment of PTSD. *Journal of Traumatic Stress, 19*, 625-638.

Rothbaum, B. O., Foa, E. B., Riggs, D. S., Murdock, T., & Walsh, W (1992). A prospective examination of post-traumatic stress disorder in rape victims. *Journal of Traumatic Stress, 5*, 455-475.

Rothbaum, B. O., Meadows, E. A., Resick, P., & Foy, D. W. (2000). Cognitive-behavioral therapy. In E. B. Foa, T. M. Keane, & M. J. Friedman (Eds.), *Effective treatments for PTSD: Practice guidelines from the International Society for Traumatic Stress Studies* (pp. 60-83). New York: Guilford Press.

Rothbaum, B. O., Ruef, A.M., Litz, B. T., Han, H., & Hodges, L. (2003). Virtual reality exposure therapy of combat-related PTSD: A case study using psychophysiological indicators of outcome. *Journal of Cognitive Psychotherapy: An International Quarterly, 17*, 163-178.

Schnurr, P. P., & Green, B. L. (2004). Understanding relationships among trauma, post-traumatic stress disorder, and health outcomes. *Advances in Mind-Body Medicine, 20*, 18-29.

Shapiro, F. (1989). Eye movement desensitization: A new treatment for posttraumatic stress disorder. *Journal of Behavior Therapy and Experimental Psychiatry, 20*, 211-217.

Shapiro, F. (1995). *Eye movement desensitization and reprocessing: Basic principles, protocols, and procedures*. New York: Guilford Press.

Tolin, D. F., & Foa, E. B. (2006). Sex differences in trauma and posttraumatic stress disorder: A quantitative review of 25 years of research. *Psychological Bulletin, 132*, 959-992.

역자 에필로그

인류문명의 탄생과 쇠락을 기술하는 역사서에는 천재지변에 의한 재난이나 전쟁 이야기가 빠지지 않는다. 하나의 문명이 황금기를 지나, 전쟁이나 재난으로 인해 몰락하고 새로운 군소 문명들이 서로 전쟁을 하며 또 다른 문명을 탄생시키는 과정은 역사서들의 주제이기도 하다. 후세의 사람들은 전쟁에서 승리한 영웅을 추앙하며 무용담을 즐기고, 전쟁에서 진 패자에 대한 서술은 생략하기 때문에 사람들의 기억에서 곧바로 사라진다. 이 소실된 기억에는 수 많은 패자와 그 가족의 죽음과 희생이 포함되어 있었을 것이다. 우리는 승자의 영웅담을 영화의 주요 장면으로 인식하지만 패자의 고통과 피해에 대해서는 감정적으로 둔감한 상태에 빠지게 된다. 이들이 어떻게 죽임이나 고문을 당하였는지, 또 어떤 피해를 입었는지에 대해서는 깊이 알려고 하지 않고, 기록도 되어 있지 않으며, 가까스로 재난과 폭력을 피한 이들이나 희생자들의 가족 혹은 목격자들의 고통은 공감 할 기회조차 없을 때가 많다.

지난 한 세기 동안 한국 사회는 일본을 포함한 외세의 침탈과 이념으로 갈라진 동족상잔의 비극을 겪었다. 이로 인하여 우리 부모나 조부모 세대는 전쟁과 억압, 수탈에 대한 트라우마(trauma)가 남을 수 밖에 없었다. 지금까지도 우리나라는 이념적 혹은 정치적으로 반대되는 세력을 억압하기 위한 고문과 살인, 안전불감증에 의한 피해, 힘의 우위에 있는 것이 일상화된 가해자들에 의한 폭력과 성폭력의 피해를 고스란히 사회 구성원 모두가 담아내고 있다. 3년 전, 많은 청소년과 부모들은 손 쓸 도리 없이 가라앉는 세월호 안에서 고통받으며 세상을 떠난 청소년들을 지켜보았다. 이 세월호 사건은 피해자 가족을 넘어 전 국민에게 끔찍한 트라우마를 남겼다.

우리 사회가 왜 이리 모순적이고 병리적인가 생각해보면 이렇게 수 많은 트라우마 속에서도 생존한 사람들이 구성한 사회이기 때문일지도 모르겠다. 이들은 살아 남았지만 마음 속에는 트라우마로 인한 과불안과 경각심 그리고 반복적으로 떠오르는 트라우마의 기억으로 인해 우울이나 불안장애 또는 괴팍한 성격을 가지게 되어 평생을 고통받기도 한다. 그들의 마음 속은 트라우마, 즉 외상에 대한 기억이 불현듯 떠오르고, 그 때마다 참을 수 없는 감정의 격정 속에 파묻혀 버린다. 외상 후 스트레스 장애(Post-traumatic Stress Disorder, PTSD)는 살아남은 피해자들의 정서적 고통을 일컫는 것이라 할 수 있다. 많은 사람들은 시간이 지나면서 충격을 천천히 극복해 가지만, 어떤 이들은 주체할 수 없이 떠오르는 외상 기억(traumatic memory)로 인해 깊은 고통의 늪에서 빠져나오지 못한다.

에드나 포아 박사(Edna Foa)의 외상 후 스트레스 장애 치료는 이 외상기억을 감정프로세싱(emotional processing)과정을 통하여 고통으로부터 벗어나도록 돕는 과학적 치료이다. 포아 박사의 지속노출치료(Prolonged Exposure Therapy, PE)는 트라우마로 고통받는 분들의 시계를 외상 이전으로 돌릴 수는 없다. 하지만 만성화된 증상을 이겨내고 당당히 정의를 바로 세우고, 소속된 사회를 변화시키고 기여하며, 인간으로서 더 성숙하고 삶을 있는 그대로 수용할 할 수 있는 단계까지 갈 수 있도록 도울 수 있다.

지난 십 여년 동안 우리는 많은 피해자들이 포아 박사의 외상후 스트레스 장애 치료를 통해 지옥같은 마음상태에서 조금씩 벗어나 새로운 삶을 살게 되는 과정을 지켜보았다. 치료자로써 때로는 내담자의 고통을 느끼며 같이 울고 그 분들이 호소하는 가해자에 관대한 사회적 모순에 가슴이 답답해지기도 한다. 그러나 외상기억으로 부터 자유로와져 내담자가 원래 살았어야 하는 삶으로 돌아가는 것을 바라볼 때에는 더 없는 감동을 느끼게 된다. 부디 이 두 권의 치료서가 외상 후 스트레스 장애로 인해 고통 받는 많은 분들에게 새로운 삶을 되돌려 주기를 바란다.

2017년 6월
역자 조용범

저자에 관하여

| 에드나 B. 포아(Edna B. Foa) 박사는 미국 펜실베이니아대학교(University of Pennsylvania)의 정신의학과의 심리학 교수이며 불안장애 치료 및 연구센터의 디렉터이다. 포아 박사는 1970년에 미주리대학교(University of Missouri) 임상심리학 및 성격 과정에서 박사학위를 받았다. 포아 박사는 불안장애, 외상 후 스트레스 장애, 강박장애, 사회공포증에 관한 정신병리학과 치료법 연구에 헌신하고 있으며 현재 이 분야를 주도하는 최고의 전문가 중 한 사람이다. 포아 박사는 정신장애 진단 편람(DSM-IV)의 강박장애 분야 소위원회의 의장이었으며 외상 후 스트레스 장애 소위원회의 의장도 겸했다. 포아 박사는 국제 외상 후 스트레스 장애 학회(International Society of Traumatic Stress Studies)에서 치료가이드라인 위원회의 의장직을 맡고 있다.

포아 박사는 250편 이상의 논문과 수많은 책을 저술하였으며 세계 각국에서 강연을 하고 있다. 포아 박사는 그 업적을 인정받아 수많은 상과 훈장을 수여받았다.

수상 내역 :
- The Distinguished Professor Award, Fulbright Program for International Exchange of Scholars
- The Distinguished Scientist Award, the American Psychological Association, Society for a Science of Clinical Psychology
- The First Annual Outstanding Research Contribution Award, Association for the Advancement of Behavior Therapy
- The Distinguished Scientific Contributions to Clinical Psychology Award, the American Psychological Association
- The Lifetime Achievement Award, International Society for Traumatic Stress Studies
- 2006 Senior Scholar Fulbright Award 등

| 엘리자베스 A. 헴브리(Elizabeth A. Hembree, PhD) 박사는 미국 펜실베이니아대학교(University of Pennsylvania)의 정신의학과의 심리학과 조교수이며 불안장애 치료 및 연구 센터에서 강간 및 범죄피해자 프로그램과 수련 프로그램의 디렉터를 맡고 있다. 헴브리 박사는 1990년에 델라웨어대학교(University of Delaware) 임상심리학 박사학위를 수여받았다. 헴브리 박사의 연구는 외상 후 스트레스 장애치료를 위한 인지행동치료 및 보급에 초점이 맞추어져 있다. 학술적으로는 외상 후 스트레스 장애와 강박장애 치료에 관한 과학논문과 책들을 저술하였다. 그녀는 국제적으로 초청되어 강연하고 있으며 외상 후 스트레스 장애 치료를 위한 지속노출치료(PE) 워크샵을 가르쳐오고 있다.

| 바바라 올라소프 로스바움(Barbara Olasov Rothbaum) 박사는 미국 에모리대학교(Emory University) 의과대학의 정신의학 및 행동과학부 교수이자 외상과 불안장애 회복프로그램의 디렉터이다. 로스바움 박사는 불안장애와 PTSD 증상과 연관된 기분장애를 보이는 내담자에 대한 치료를 전문적으로 연구하고 있으며 이 연구로 여러 개의 상을 수상한 바 있다. 로스바움 박사는 국제적으로 초청을 받아 활동하는 강연가이며 많은 과학연구논문과 책의 저자이고 PTSD에 관한 많은 책을 편집하여 출판하였다. 로스바움 박사는 미국전문심리학위원회(American Board of Professional Psychology)에서 행동심리학 분야의 전문가 자격을 가지고 있다. 국제 외상 후 스트레스 장애 학회(International Society of Traumatic Stress Studies)의 전 회장이었으며 정신장애 치료에 가상현실을 응용한 선구자이기도 하다.

역자에 관하여

| 조용범

미국 심리학자로서 New School for Social Research에서 Clinical Psychology 박사학위를 받았으며 뉴욕의 The Zucker Hillside Hospital / Long Island Jewish Medical Center에서 임상수련을 받았다. 그는 2002년부터 동 병원에 한국인과 아시안을 위한 심리클리닉을 설립하여 청소년과 성인을 대상으로 외상 후 스트레스 장애 치료를 시작하였으며, 뉴욕 9.11 테러 희생자 가족 심리치료 지원을 위한 활동에 참여했다. 그는 2004년 한국에 '더 트리 그룹'을 설립하여 성폭력피해생존자들과 기타 폭력피해자들의 외상 후 스트레스 장애를 극복하는데 도움을 주고 있다. 그는 에드나 포아와 함께 지속노출치료(Prolonged Exposure Therapy, PE)를 윤리적으로 보급하기 위한 교육 및 연구 활동을 하고 있으며, 비영리적 활동으로 인권 피해자의 외상 후 스트레스 장애를 치료하기 위한 오픈클리닉을 지원하고 있다.

약력 사항 :

- 미국 뉴욕 주 심리학자
- the Tree Group 대표
- 전 이화여자대학교 심리학과 겸임교수
- 전 한미정신건강협회 부회장
- 전 미국 뉴욕 The Zucker Hillside Hospital / Long Island Jewish Medical Center 아시안아메리칸 패밀리 클리닉 과장
- 동 병원 Clinical Psychology 박사과정 인턴쉽 수료
- 동 병원 Clinical Psychology 엑스턴쉽 수료
- 미국 뉴욕 Beth-Israel Medical Center 엑스턴쉽 수료
- 미국 New School for Social Research, Clinical Psychology 박사 졸업
- 미국 New School for Social Research, General Psychology 석사 졸업
- 미국 University of Utah 심리학 학사 졸업

Therapist Guide

외상 후 스트레스 장애 치료자 가이드
지속노출치료

초판 발행일 2011년 12월 30일
2판 발행일 2017년 7월 20일

저자 Edna B. Foa, Barbara Olasov Rothbaum, Elizabeth A. Hembree
역자 조용범
펴낸이 조용범
펴낸곳 더 트리 그룹
출판등록 2008년 9월 23일 제2016-000018호
주소 서울특별시 송파구 법원로 90, 12층, 우편번호 05855
전화 02)557-8823
팩스 02)557-8355

www.theTreeG.com

ISBN 978-89-967839-0-9 93000